네 인생이다

LEESY이승용

글을 쓸 때 무아지경에 빠진다. 그는 '글을 쓴다'라고 말하지 않는다. '글이 나온다'라고 말한다. 지식이 아닌 지혜가, 자아가 아닌 영혼이, 자기 자신을 통해 글로 쏟아져 나오는 놀라운 경험을 매 순간 체험한다. 그를 통해 쏟아진 글을 읽는 사람들 모두가 고통과 번민에서 벗어나 초인적 삶을 살아가길 바라며 이 순간도 묵묵히 글을 쏟아내고 있다.

KANGRIM강경모

현대적 인상파 화가, 사진작가, 영상감독이다. 독특한 그림체와 그림 속에 담긴 메시지가 가슴 속을 파고든다. 그의 그림이 인생의 여정을 다룬 글과 어우러질 수 있는 가장 큰 이유다. 예술을 통해 인생의 깊이를 알아가고, 그 깨달음을 작품에 담아내는 여정 속에서 매 순간 변화하는 인생을 화면에 고스란히 담아내고 있다.

Youtube [초인수업]
Email paperpepper.official@gmail.com

THIS IS YOUR LIFE

네 인생이다

잘해도 네 인생이고 .

망쳐도 네 인생이다 .

PaperPepper ArtStudio

LEESY · KANGRIM

나를 비난하고 있다면, 남을 비난하고 있다면, 나를
평가하고 있다면, 남을 평가하고 있다면, 나를 불쌍하
게 여기고 있다면, 남을 불쌍하게 여기고 있다면, 내가
잘한 거라 여기고 있다면, 남이 잘한 거라 여기고 있다
면 이제, 이쁘게 살아가자.

이쁘게 산다는 것이 별것 아니더라. 제정신만 차리
면 된다. 나를, 남을 의심하지 않으면 된다. 감정을,
표현을 숨기지 않으면 된다. 고통을 주기보다 행복하
기를 바라면 된다. 원한과 미움보다 이쁘게 살길 바라
면 된다.

좋은 말을 한다고 좋은 사람이 아니고, 나쁜 말을 한
다고 나쁜 사람이 아니다. 나 때문에 힘든 것도 아니
고, 남 때문에 힘든 것도 아니다. 모든 게 내 탓도 아니

고, 네 탓도 아니다. 그저 '그렇구나' 하고 바라보면 될 일이다. 그게 존재 그 자체로서의 존재다.

존재는 언제나 이쁘다. 존재로서 사는 게, 이쁘게 사는 거다. 다만 몸, 마음, 영혼을 지니고 태어난 사람이기에, 존재로서만 살 수 없는 것이 인간이 가진 어렵고 복잡 미묘한 삶이다.

인간으로서 느끼는 갈등과 시기와 아픔과 미움은, 존재로서 존재하며 나를 바라볼 수 있을 때, 서서히 사그라든다.

서서히, 조금씩, 내 안에 드리운 그림자가 사그라든다. 그러면서 보인다. 미워할 필요도, 싸울 이유도, 없음이 보인다.

그림자는 그림자일 뿐, 어둠은 어둠일 뿐, 그것은 그것의 역할이 있을 뿐이다. 그렇게 바라보면서, 하나씩 하나씩 해 나가면 된다. 잘했고, 잘하고 있고, 잘해내 가는 것.

아직 서투른 몸의 사용도, 나이보다 훨씬 덜 자란 마음의 인성도, 항상 의심받는 영혼의 감각도, 존재로서 살아가면서 조금씩 성장시켜 나가자. 그게 이쁘게 사는 거다.

이왕이면 이쁘게 살자. 몸으로만 살지 말고, 마음으로만 살지 말고, 영혼 각성만 좇지 말고,

나로서, 온전한 나로서, 이쁘게, 살아가자.

네 인생이니까.

차례

세 번째 인생. | 불확실성 뒤에 서 있는 확신이라는 이름

사실이라
믿었던
모든 것을 지워라

첫 번째 인생.

나는 행복에 중독되어 있었다

불안한 순간이었다. 나의 모든 행복이 외부로부터 온다는 것, 그리고 여행과 강연을 하면서 얻었던 기쁨은 참된 기쁨과는 아무 관계가 없다는 생각이 들었다. 기분이 좋아지기 위해서 외부의 모든 것에 의존하기 시작했다. 만약 누군가가 그 시점의 나에게 물어보았어도 나는 아마 습관적으로 대답했을 것이다.

"네, 모든 것이 훌륭합니다. 다 잘 되어가고 있어요. 전 행운아입니다."

그러나 모든 외부 자극에서 벗어난 조용한 순간에 나를 붙잡고 물어보았다면 완전히 다르게 대답했을 것이다.

"뭔가 잘못됐어요. 난 불안해요. 모든 게 늘 똑같게만 느껴져요. 뭔가 빠져 있어요."

— 조 디스펜자, 〈브레이킹〉 중에서

한강 변 브랜드 아파트, 강남 한복판 3층짜리 회사 사옥, 벤츠 S클래스, 포르쉐, 몇백, 몇천만 원짜리 양복, 안경, 만년필, 시계, 가구들.

대학 졸업장도 없이 명문 대학에서 강연하는 모습, 2~3달에 한 번 비즈니스석에 앉아 해외여행을 다니는 모습, 공항 라운지 혹은 호텔 커피숍에서 맥북을 펴놓고 일하는 모습. 밖으로 보이는 나의 모습은 꽤 훌륭했다. 찾아오는 고객의 대부분은 나처럼 되고 싶다고 말하며 부러운 시선을 보냈다. 그럴 때마다 나는 안경 너머로 싱긋 웃으며 '당신도 할 수 있어요'라는 말을 건넸다.

하지만 나는 매 순간 불안했다. 왜 불안한지 이유를 알 수 없어서, 더 불안했다. 어느 날 알게 된 불안함의 이유는 생각보다 간단했다. 성공하기 위해 행했던 것들, 성공의 증표로 얻었던 것들, 기분이 좋아지려 했던 모든 것들이 내면에서 올라오는 기쁨이 아니라, 외부의 것들에 의존했기 때문이었다. 그리고 한 가지 더 알게 되었다. 불안했던 이유를 몰랐던 것이 아니라 몰랐던 척했다는 것을.

외부에서 채우는 모든 것들은 마치 얕은 그릇에 떠놓은 물과 같았다. 아무리 채워도 채워도 다시 채워야 했다. 물이 마르지 않게 하려면 더욱 열심히 살아가야 했다. 분명히 더 행복하기 위해 누구보다 열심히 살아가고 있음에도, 왠지 더 깊은 수렁으로 빠져들어 가는 것 같았다.

성공이라는 이름 아래, 외부의 물질과 인정으로 행복을 채워가고 있었다. 사람 또한 마찬가지였다. 함께 성공하자는 명목 아래 사람들을 내 곁에 두려고 했다. 하지만 아무리 물질을 취해도, 사람들을 모아도 불안함은 더욱 커져만 갔다. 불안은 허기를 만들고, 허기는 두려움이 되어, 우울증과 공황장애까지 찾아왔다. 형클어져 있는 자신을 돌아보니, 기쁨과 행복은커녕, 두려움과 공포, 수치심과 자기 불신, 죄책감, 무가치함, 분노, 자만, 우울함 들이 채워져 있었다. 그것들을 넘

Something went wrong

'그 옷은 내게 잘 어울리는 것처럼 보였지만,

사회적 지위와 체면을 높이는 것처럼 보였지만

진정으로 나를 성장시키지는 못했다.

깊은 허전함과 불안감을 야기시킨 채

살아온 지난 과거를 되풀이할 수는 없었다.

더 이상 '나'를 속일 수 없었다.'

어서지 않고는 절대 내 인생을 되찾을 수 없다는 것이 분명했다.

내가 할 수 있는 방법은 한 가지뿐이었다. 행복이라고 느꼈던 외부 자극을 하나씩 없애보는 것, 그래야만 내가 진짜 무엇을 원하고 있는지 찾을 수 있을 것 같았다. 다소 위험해 보이는 시도였지만, 외부에서 얻어진 것들이 나를 불안하게 만들었던 요소였다면, 그것을 제거해보면 답이 나올 거라 생각했다. 불확실했지만, 그 방법 외에 내가 할 수 있는 방법은 없었다. 그만큼, 절박했고 절실했다.

차, 집, 장소, 사람들, 버릇, 회사… 원했다고 생각했던 결과물들을 하나씩 없애기 시작했다. 지금 생각해도 그땐 정말 괴로웠다. '꼭 이래야만 하나'라는 생각이 머리를 짓눌렀다. 하지만 깊은 불안을 없애고 진짜 내 모습을 찾아가겠다는 열망은 머릿속 망설임과 두려움을 덮어가기에 충분했다.

집을 팔고, 차를 팔았다. 회사 사옥과 직원들을 정리

했다. 강연을 멈추고, 상담을 중지했다. 가구를 팔고, 시계와 옷은 필요한 사람들에게 주었다. 그렇게 모든 것을 벗어가다 보니, 생각하지 못한 커다란 저항들이 눈앞에 놓여 있었다. 그동안 나를 돋보이게 해주었던 물건과 직위, 인연들을 정리하는 과정에서 느끼는 절망과 수치심은 아무것도 아니었다. 걷어내고 난 자리에는 상상할 수조차 없었던 커다란 장벽이 놓여 있었다.

아무것도 남아있지 않고, 아무것도 할 수 없어지면서 나에 대해 돌아보는 시간이 많아졌다. 나를 돌아본다는 말이 좋아보일 수 있지만, 생각지도 못한 고통이 뒤따랐다. 외부적인 고민이나 생각이 적어진 대신, 나에 관한 생각이 지나치게 많아졌고, 그 생각의 더미에서 본 것은 실패한 결혼 생활로 인한 수치심, 할 일을 못 했다고 생각하는 나에 대한 분노, 사랑하는 사람을 잃었을 때 느꼈던 슬픔, 죽음에 대한 두려움, 사회적 기준에 강요당한 압박, 가난했던 학창 시절에 대한 절망감, 외모에 대한 강박감, 연인과의 관계에 대한 반복된 실패.

내가 숨겨야 했고, 숨기고 싶었던 감정들이었다.

이 감정을 숨기기 위해 또 다른 나를 만들어야 했다. 한 명의 페르소나가 아니었다. 필요하다면 10명, 20명의 페르소나를 만드는 것도 불사했다. 페르소나가 만들어질수록, 숨겨진 감정과 나의 본모습의 차이가 벌어질수록, 진짜 나는 숨겨졌다. 숨어있는 나는 그 어두운 곳에서 극한의 외로움과 불안감, 공포심을 느꼈다. 이 부분들을 드러내고 싶지 않았기에, 또 다른 페르소나를 만들어냈고, 사람들이 페르소나를 진짜 나로 인정하고 사랑할 때마다 진짜 나의 모습은 숨겨야 할 약한 모습이 되어갔다. 그야말로 연기자가 되어 갔다.

숨겨놓은 감정들이 떠오르면서부터 자연스레 진짜 나를 감추려는 무의식이 발동하였으나 이제는 더 이상 진짜 나를 숨길 곳이 없었다. 그나마 남아있던 페르소나들은 보내버린 물건과 인연들과 함께 떠나갔다. 이후 나는 숨겨둔 감정들을 똑바로 마주해야 했다. 절대 인정하고 싶지 않았던 부분까지, 모두 바라보고 대면해야 했다. 진짜 나의 모습을 보여주기보다, 사람들이 좋아하고 원하는 것들에 나를 맞추고 적응시켰던 내 정체성은 진실한 정체성이 아닌 내가 걸친 옷에 불과함을 인정하고 받아들여야 했다.

그 옷은 내게 잘 어울리는 것처럼 보였지만, 사회적 지위와 체면을 높이는 것처럼 보였지만 진정으로 나를 성장시키지는 못했다. 더 이상 회피하고 감추며 살아가기에 두 번이나 죽음의 위기를 딛고 살아난 내 삶은 너무나 소중했다. 깊은 허전함과 불안감을 야기시킨 채 살아온 지난 과거를 되풀이할 수는 없었다. 더 이상 '나'를 속일 수 없었다.

존재의 목적은 경험을 통해 지혜를 얻는 것이다. 낙인된 과거의 기억들이 만들어낸 숨겨진 감정들과 그로 인해 만들어진 외부적 틀은 자기 경험의 체득을 막아선다. 어떻게든 뚫고 경험한다 한들, 그 경험은 절대 지혜로까지 이어지지 못한다. 체험하되 체득하지 못하게 된다. 숨겨진 감정의 덩어리가 빠져나와 내면에서 자

Breaking is Awakening

'바위처럼 단단한 기준과 관념의 틀을 깨면

그 안에 또 다른 바위가 또 다시 발견되고,

더 이상 내려놓을 것이 없어보일 때도

더 내려놓을 것이 남았음을,

삶은 명확히 보여 주었다.'

유롭게 흐르지 않는 한, 모든 경험은 지식적 에고의 틀에서 절대 벗어나지 못한다. 과거의 기억이 남긴 감정과 장벽을 넘어서지 못하는 한, 새로운 지혜는 채워질 수가 없다.

숨겨진 감정들을 대면하면서 뼛속 깊이 고통을 느꼈지만, 그 고통은 근육이 만들어지기 위해 근육이 먼저 찢어져야 하는 고통과 같았다. 수치심과 부끄러움으로 고통스러운 시간을 보냈지만 모든 것이 새로워지려면, 기존의 내 안에 있는 것들을 무너트린 이후에나 가능함을 나는, 가슴 깊이 느꼈다. 그제야, 알 수 있었다.

'나는 행복에 중독되어 있었구나.'

행복해지기 위해 살아야 행복한 것이 아님에도, 행복이 삶의 목표가 되어버린 내 인생은 행복의 기준을 외부적 기준에 초점을 맞추었다. 중독된 행복은 내면적 지혜를 얻는 모든 것을 방해했다. 흘러야 하는 감정을 숨기게 하고, 드러내는 것을 두렵게 만들었다.

위 변화의 과정은 수없이 반복되었다. 바위처럼 단단한 기준과 관념의 틀을 깨면 그 안에 또 다른 바위가 발견되고, 더 이상 내려놓을 것이 없어 보일 때도 더 내려놓을 것이 남았음을, 삶은 명확히 보여 주었다. 이 과정은 4년 가까이 진행되었다. 그 시간 동안 매번 부수고 깨어나는 변화의 과정을 반복해야 했고, 지금도 물론 그 과정은 반복 중이다.

쉽지 않았다. 하루아침에 이루어지지 않았다. 매일 처절하게 감정들과 대면해야 했고, 숨겨둔 것을 거둬내면, 또 다른 습이 튀어나와 나를 괴롭혔다. 하지만 다시 고개 들어 나의 과오를 대면하고 감정을 드러내면서 나는 점점 더 본질의 '나', 자유로움에 가까이 다가섰다.

변화란, 머물지 않아야 한다. 담아놓으면 결국 고여 썩는 것이 자연의 이치다. 계속 비워내고 새로운 것이 채워질 수 있는 그릇을 만드는 것이 진정한 변화다. 이미 '변화했다'라고 느낄 때가 가장 큰 자만임을 여러 번의 실수와 실패를 통해 깨닫게 되면서 이 책을 쓰고 있는 이 순간 내가 느끼는 변화의 정의는 이러하다.

'변화는 원래의 나로 돌아가는 여정이다.'

여전히 불안함은 내게 찾아온다. 하지만 나는 그 불안함을 더 이상 가지고 있지 않다. 고스란히 받아들이고, 자연히 흘러갈 때를 기다린다. 그리고 그 감정에 솔직한 나로 내 마음과 행동을 변화시킨다. 무언가 하지 않아도 행복을 느끼는 시간이 많아졌다. 기적 같은 일이다. 이것이 내가 그토록 찾아 헤매던 행복이었다. 애쓰지 않아도 행복할 수 있는 경험은 실로, 놀라운 일이었다.

더이상 공허함에 머물지 않는다. 문득 공허함이 느껴질 때조차 매 순간 내 안에서 솟아오르는 태양과 같은 기쁨을 바라보게 된다. 그 기쁨은 내가 나로서 살 수 있는 삶의 희망과 용기를 선사한다. '나'라는 존재에 가까이 다가서면서 얻게 된 선물이다. 인생의 여정에 서 깨어지고 깨어나는 변화를 겪는 모든 사람들이 느끼 게 될 똑같은 기쁨이다.

나는 _____

_____ 입니다.

"변화는 원래의
나로 돌아가는 여정이다."

감정의 수도꼭지

오랫동안 정신병에 걸려있었던 것 같다는 생각이 들었다. '도대체 무슨 정신으로 살았던 것일까.'라는 자조와 후회가 나를 짓눌렀다. 돌이켜보면, 가장 중요한 순간에 나는 나를 방치했었다.

'정신병'의 가장 큰 원인은 감정의 회로가 뒤틀어진 이유였다. 처음에는 화, 우울함, 절망, 슬픔 등의 감정이 나를 뒤덮었다. 사람들과의 관계에 서투른 나로서는 친밀도 있는 경험보다는 뒤틀림과 단절을 더 많이 경험했었고, 이에 따라 밀려오는 감정은 분노와 우울함이 대부분이었다. 이 감정을 품고 살아가는 시간이 길수록 고장 난 현상들이 일상에 나타나기 시작했다. 당연한 결과였다.

내가 세운 해결책은 이 감정들을 누르고 가두는 것이었다. '나 자신을 위해서'라고 위안하며 그저 참고 견디는 것이 아닌 감정 자체의 문을 닫아버리기 시작했다. 문제는 암을 고치기 위해 암세포만 죽이는 것이 아닌, 그 외 세포들을 다 죽여버리듯 화, 우울함, 슬픔뿐만이 아닌 기쁨, 질투, 사랑의 감정들까지도 모두 닫아버렸다.

　　감정을 닫아버리자 가장 흐트러진 것은 상대에 대한 감정이었다. 어느 날부턴가 사람들이 울고 웃어도 별다른 공감을 갖지 못했다. 그러려고 하는 것이 아니라, 자연스레 그리되어버렸다. 상대가 내게 화를 내어도, 상대가 슬퍼해도 나는 그 자리에 있는 것이 귀찮고 힘들 뿐이었다. 그렇게 나는 예의 바른 나쁜 인간이 되어갔다. 상대에 대한 공감과 경청이 가장 중요했던 내 일 또한 당연히 중지될 수밖에 없었다.

　　그 시간이 길어질수록, 사람의 본질에 대한 사랑은

그대로였을지 몰라도 상대의 태도와 감정에 대한 신뢰와 애정을 전혀 가지지 못했다. 원래 사람을 무척이나 좋아하고, 사랑하는 내 본질과는 달리, 고장 난 내 마음은 다음과 같이 되뇌며 상대의 태도와 말을 불신하고 있었다.

'뒤에서 쑥덕거리며 한 사람의 몰락을 즐기는 인간들, 자신이 받은 백 가지보다 손해 본 한 가지만을 생각하는 인간들, 결국 자신의 잇속만을 챙기는 인간들, 기억을 왜곡해서라도 자신에게 유리한 쪽으로 편을 짜는 인간들, 주는 것조차도 자기만족에 따른 인간들, 웃고 있지만 웃고 있지 않은 인간들, 울고 있지만 울고 있지 않은 인간들.'

나는 어릴 적부터 남들보다 유난히 세심하고 예민했다. 눈치가 빠르고 사람들의 목소리만 들어도 그 사람의 기분을 파악할 수 있었다. 그 때문에 성장 과정에서 가장 먼저 깨달은 것은 사람들은 절대 솔직하지 않다는 것이었다. 솔직하다고 생각하는 사람조차도, 무의식 깊은 곳에 있는 속성은 절대 드러내지 않았다. 지금 생각해보면 섣부른 판단이었지만 나는 사람들을 믿지 않는 쪽을 택했었다. 속을 숨기는 사람들로부터 나를 지키는 방법은 감정을 섞지 않는 것뿐이었다. 하지만 사람이 가진 깊은 본질, '나'는 인간이라는 존재를 너무나 깊이 사랑한다는 걸, 간과하고 있었다. 자연스레 마음과 영혼은 다른 생각과 느낌을 주며 관계 속에서 상처를 주고받길 반복했다. 그리고 그 경험들은 인간에 대한 맹목적인 환멸로 이어졌다.

그때부터 나는 감정의 수도꼭지를 완전히 잠군 채로, 사랑하고, 만나고, 관계를 맺었다. 그게 편했다. 상대의 마음을 느끼지 않으면 공감할 필요도 없고, 상처받을 필요도 없었다. 상대가 나를 사랑하고 사랑하지 않고는 크게 상관없었다. 비약적이지만, 마치 사이코패스처럼, 상대의 감정에 대해 조금도 느끼지 못했다. 아니, 느끼지 않으려 노력했다. 내게 잘해주는 사

Illusions of the mind

'나는 사람들을 믿지 않는 쪽을 택했었다.

속을 숨기는 사람들로부터 나를 지키는 방법은

감정을 섞지 않는 것뿐이었다.

하지만 사람이 가진 깊은 본질, 나는 인간이라는

존재를 너무나 깊이 사랑한다는 걸,

간과하고 있었다.'

람이면 되었으니까. 함께 있어서 재미있는 사람이면
되었으니까. 좋은 게 좋은 거라고, 즐거우면 그만이라
고, 항상 재미있고, 웃을 수 있는 상태를 억지로 만들
어갔다. 그래야 했다. 그렇지 않고는 도저히 견딜 수
없었다. 하지만 상처가 두려워 처음부터 감정을 차단
하고 사람을 만나는 관계의 끝이 좋을 리가 없었다. 관
계를 이어갈수록 더 깊은 고통의 늪에 갇혀버렸다. 아
무것도 할 수 없고 아무도 곁에 남아있지 않았다.

　그때부터였다. 더 이상 발악할 무엇도 남아있지 않
은 때, 꽉 잠가놓았던 감정의 수도꼭지가 풀려버리기
시작했다. 다만 '슬픔은 놔두고, 분노는 놔두고, 기쁨
만 가져와'라고 할 수 없었다. 감정의 수도꼭지는 하나
였다. 손잡이가 풀리니 모든 감정이 다 쏟아졌다. 아프
니까, 고통스러우니까 겪기 싫어했던 감정들이 한꺼번
에 쏟아졌다. 하지만 나는 꼭지를 다시 잠그지 않았다.
내 감정에 솔직해야 했다. 내 감정을 온전히 받아야 했
다. 온몸으로, 온 마음으로 받아야 했다. 그래야 다시
살 수 있음을 본능적으로 알 수 있었다.

그렇게 감정의 문을 열고, 서툰 행보를 시작했다. 만남과 헤어짐도 기꺼이 받아들였다. 상대의 분노와 증오도 기꺼이 받아들였다. 사랑과 기쁨도, 비난과 슬픔도 피하지 않았다. 그 감정들에 또 다른 감정을 섞지 않으려 노력했다. 감정으로 인한 생각을 경계하고 그저 그 감정을 온전히 겪는 데 집중했다.

10대, 20대에 해봤어야 할 것들을 40대 중반이 돼서야 한다는 자괴감에 빠지지 않으려 노력했다. 사람들이 내게 기대하고 알고 있는 예의 바름과 사랑스러움을 충족시키기보다 감정에 솔직하려 노력했다. 어설픈 행동과 많은 실수로 인해 또다시 상처를 주기도, 입기도 했지만 반드시 견뎌내야 할 것들이었다. 그래야 나 자신을 망치는 습관에서 벗어날 수 있었다. 스스로에게 부끄럽지 않은 인생을 살아갈 수 있었다. 지금이라도, 그래야만 했다. 그 누구보다 나 자신에게 솔직한 삶, 나에 대한 깊은 사랑을 원했기 때문이었다.

걸어온 길에 대해 후회하지 않는다. 그때의 나로서는 최선이었고, 지금의 나는 이것이 최선임을 알기 때문이다. 다만, 나로 인해 상처받은 사람들에게, 그리고 나 자신에게 진심으로 미안함과 위로를 전한다. 어떤 이유였든 간에, 나는 그들에게 상처를 주었고 나 자신에게 상처를 주었다.

이런 생각이 든 적도 있었다. '차라리 감정이 닫힌 채로 살아가는 것이 낫지 않았을까'라고. 하지만 이제는 알 수 있다. 그건 내가 원하는 인생이 아니었다. 매 순간 '정신 차리고' 사는 인생을 살아가고 싶었다. 그렇게 살기 위해 뒤늦게라도 내 인생을 꼭 안아주기 시작했다. 비록 유난스럽고 예민한 나지만, 감정이 흐르는 것을 억지로 막지 않고, 모든 감정을 솔직하게 겪을 수 있도록 나를 진심으로 아껴주고 바라봐주는 나로 살아가기 시작했다.

완벽하지 않은 인간이기에 누구나 실수를 한다. 상처를 주고, 나 자신까지 아프게 하는 인생을 살아간다.

충분히, 그럴 수 있다. 감정에 솔직하다고 말하는 사람도 실상 들여다보면 숨기는 것이 많다. 그렇지 않다고 말하는 사람이 도리어 솔직하지 않은 사람이다.

진심으로 원하는 인생의 모습을 되찾기 위해서 가장 먼저 해야 할 일은, 숨겨두었던 감정들을 마주해야 한다. 꼭 잠겨 있는 감정의 수도꼭지를 열어야 한다. 그래야 틀어진 인생의 방향을 되돌릴 기회가 생긴다. 흘러들어오는 감정을 외면하면서 인생의 항로를 재수정할 방법은 단언컨대 없다.

누가 뭐래도 내 인생은 내 것이다. 그 누구도 내 인생을 돌봐주지 않는다. 다시, 바로 잡을 수 있는 것도, 계속 방치하는 것도 모두 자신의 선택이다.

마음이 다쳐서가 아니라 닫혀서

'진심으로 원하는 인생의 모습을 되찾기 위해서
가장 먼저 해야 할 일은,
숨겨두었던 감정들을 마주해야 한다.
꼭 잠겨 있는 감정의 수도꼭지를 열어야 한다.'

나의 감정은 _____

_____ 입니다.

"바로 잡을 수 있는 것도,
계속 방치하는 것도 모두 자신의
선택이다."

내 몸과 마음은 얼마나 아파하고 있을까

몸

잔 두통이 끊이지 않는다.

어깨 통증 때문에 두통, 목덜미와 팔이 항상 아프다.

끊어질 듯한 허리 통증이 자주 찾아온다.

자주 체한다.

가슴이 자주 답답하고 심장이 죄이는 통증이 있다.

트림, 방귀와 묽은 설사가 잦다.

환절기마다 눈물과 콧물이 멈추지 않는다.

명치 쪽이 항상 답답하거나 뻐근한 통증이 있다.

많이 먹지 않아도 윗배가 자주 불러온다.

속이 자주 쓰리고 장이 꼬일 때가 많다.

밤에 종아리가 아파서 잠을 못 이룬다.

잘 때 꿈을 자주 꾼다.

아침에 일어나기가 힘들다.

얼굴이 자주 붉어진다.

식은땀이 자주 난다.

오한과 발열이 반복된다.

기력이 없어 외출하기도 힘들 때가 많다.

자주 심장이 두근거린다.

피곤하지만 잠을 이루지 못할 때가 많다.

마음

주기적, 간헐적으로 우울함이 찾아온다.

걱정에 빠지면 잘 헤어 나오질 못한다.

솔직한 감정을 표현하기 힘들다.

우울증, 공황장애 약을 먹어도 일시적일 뿐 큰 차도가 없다.

자신의 인생이 꼬였다고 생각한다.

돈, 연애, 인간관계 속에서 문제가 자주 생긴다.

사람을 만나는 것이 두려울 때가 많다.

때때로 화를 주체할 수 없어서 큰 실수를 할 때가 많다.

어릴 적 상처, 트라우마에서 벗어나기가 힘들다.

외모와 옷, 차, 사는 곳 등에 대해 자격지심이 있다.

자존감은 낮지만, 자존심은 세다.

죽고 싶다는 말을 입버릇처럼 한다.

불행하다고 느낀 적이 많다.

남들에게 인정받지 못하고 살고 있다고 느낀다.

나를 사랑하는 방법이 무엇인지 도무지 모르겠다.

사람들과 섞이는 것이 불편하다.

직업에 대한 자신감이 없다.

새로운 일을 하고 싶지만, 엄두를 내지 못한다.

작은 일을 결정하기도 쉽지 않다.

써놓고 보니 마치, 내과 건강검진표나 신경정신과 심리상담 설문지 같다. 하지만 위 사례들은 병원에서 가져온 것이 아니다. 모두 내가 겪었던 실제 사례들이다. 기억이 나는 것만 적었는데도 저 정도로 많다.

지금은 완전히 해결된 것도 있고, 여전히 치유해가는 과정에 있는 것도 있다. 결과적으로 지금 나는 내 인생에서 가장 건강하고 활기찬 때를 누리고 있다. 죽을 만큼 고통스러웠던 시간을 끝내고, 몸과 마음의 건강을 되찾게 된 계기가 무엇이었을까.

나는 겪어봐야 아는 사람이었다. 똥인지 된장인지 먹어봐야 알고, 뜨거운지 아닌지 손을 대봐야 믿는 그런 사람이었다. 좋은 결과도 많았지만, 대부분 과정은 굉장히 고통스러웠다. 유난히 예민하고 섬세한 성향 때문에 똑같은 사건에도 남들보다 더 크게 충격을 받도록 설계된 몸과 마음이었다.

마음이 아프니 몸의 통증으로 이어졌다. 몸의 통증은 마음의 고통이 되고, 또다시 더욱 심한 몸의 통증으로 이어지면서 죽을 고비까지 넘겨야 할 정도의 악순환이 40년 넘게 반복되었다. 남들이 보기엔 한없이 멍청할 수도 있었던 이 경험들은 얼마 전에야 끝이 났다. 그리고 나서야 '왜 이렇게 살아야 하나'라는 머릿속 물음표가 사라졌다. 나와 같이 고통받는 이들이 없기를 바라는 마음으로, 혹은 조금이라도 고통을 줄이길 바라는 마음으로 이 글을 이어간다.

사람들은 올바른 자세, 규칙적인 식사, 주기적인 운동 등 몸을 다스려주기 위해 큰 노력을 한다. 그래야 건강을 지킬 수 있기 때문이다. 특히 건강을 한 번이라도 잃어본 사람은 다시 건강을 잃지 않기 위해 몸을 다스리는 데 최선을 다한다.

마음 또한 마찬가지다. 우울증, 두려움, 슬픔 등으로 인해 정신적 고통을 받아본 사람들은 마음을 다스릴 줄 알아야 한다. 하지만 아직도 사람들은 마음을 다스리는 법을 잘 모른다. 그 이유는 간단하다.

몸의 근육, 내장 장기의 위치 및 특징 등을 잘 파악하고 있어야 몸을 다스릴 줄 알듯이, 마음이 어떤 존재인지 알아야 마음을 다스릴 수 있다. 하지만 우리는 마음이 무엇인지조차 파악하지 못하고 있다.

몸을 바라보자. 몸은 존재하는가?

그렇다. 존재한다. 몸은 볼 수 있고 만질 수 있으니까 당연히 존재한다. 조금 더 세부적으로 들어가 보자. 심장은 있는가? 어디에 있는가? 간은 어디에 있는가? 있다면, 어떻게 증명할 수 있는가? 본 적이 있는가? 내

심장과 간을 맨눈으로 볼 수는 없어도, 인간의 몸이라면 당연히 있다고 믿거나, 혹은 초음파 검사 등 의학의 힘을 빌려 확인할 수 있다.

똑같이 질문해보자. 마음은 존재하는가? 마음이란 게 정말 있을까? 있다고? 정말 확실한가.

'아니요.'라고 말할 수 있는 사람은 거의 없을 것이다. 마음을 볼 수 있는가? 만질 수 있는가? 그런데 어떻게 마음이 '있다.'라고 말할 수 있는 걸까.

마음에 들다, 마음에 담다, 마음을 읽다, 마음을 주다, 마음이 아프다, 마음을 말하다, 마음대로 하다 등, 우리는 이미 마음이 우리 안에 있다는 느낌을 다양한 언어로 표현하고 있다. 생각과 감정을 육체를 통해서도 표현하고 있지만, 마음을 통해 자신과 상대의 생각과 감정을 느끼고 표현할 수 있다. 뭐라 딱 꼬집어 설명할 수는 없지만, 절대 그 존재를 부인할 수 없는, 그것이 바로 마음이다.

그래서 그런 걸까, 우리는 너무 오랫동안 마음이라는

존재에 대해 좀 더 세심히 들여다보고 느껴보려 하지 않았다. 느껴질 때 느껴지는 존재 정도로 바라봤다. 이제, 마음을 먼저 들여다볼 필요가 있다. 그래야 마음을 잘 활용하여 우리 삶을, 그리고 일상을, 마음과 이어져 있는 몸을, 편안하게 즐겁게 활기차게 만들 수 있다.

몸과 마음의 병 때문에, 스스로 목숨을 버리는 사람까지 생긴다. 원인을 알면, 반드시 예방하거나 고칠 수 있다. 나와 상대를 살릴 수 있다. 우리에게 주어진 인생이 얼마나 아름다운지, 살아갈 만한 것인지 매일 느끼고 경험할 수 있다. 이 글을 읽는 당신 역시, 한 번뿐인 인생의 아름다움을 제대로 경험하길 바라는 마음으로 다음 페이지를 이어간다.

두려움은 두려움이 아니다

느닷없이 두려워질 때가 있다. 두려움은 불안, 초조, 우울 등 심적 작용을 통해 두통, 졸음, 근육통 등의 육체적 현상으로 이어진다. 사람들은 두려워질 때마다 몇 가지 행동을 반복하는 패턴을 보인다. 예를 들어 두려움은 자신감을 저하하고, 자신감이 떨어지니 외로워지고, 외로워지니 슬퍼진다. 슬픔이 오래되면 무기력함이 찾아오고, '지금 하는 일이 맞는 건가?'라는 의심을 넘어 자신의 존재를 부정하는 지경에 이르게 된다.

욕구는 없는데 자위를 시도하고, 자극적인 맛의 음식이나 음료를 찾는다. 혼자 있고 싶어지고, 술을 찾고, 웃기지도 않지만 웃긴 영상들을 계속 틀어놓는다. 마음의 작용이 일어나면 반드시 몸의 현상 또한 따라온다. 머리가 아파진다. 졸음이 쏟아지고, 목뒤가 뻣뻣해진다.

증상이 심해지면 '이 상황에서 벗어나고 싶다'라는 생각조차 들지 않는다. 그렇게 우울하고 무기력한 상태가 지속된다. 헤어날 수 없는 지경까지 가버린다. 문득, 정신이 들기도 하지만 이미 너무 많이 버려진 시간과 실수한 행동, 지나간 기회들이 인지되면서 다시 돌이킬 자신이 없어진다. 극심한 후회와 자책으로 또다시 맥이 풀리고, 정신을 놓는다. 심지어 자해까지 하기도 한다.

나는 수없이 반복되는 위 패턴을 경험했다. 반복되는 경험 속에서 허우적대던 어느 날, 이 상황이 하나의

No light without dark,

No good without evil

'패턴'임을 알게 되었다. 도저히 빠져나올 수 없을 것 같았던 고통의 반복이, 하나의 신호이며 만들어진 과정임을 알게 되었다. 그 순간 이 굴레에서 벗어나는 방법이 떠올랐다.

나는 두려움을 '고통스러운 것'으로 인식하고 있었다. 게다가 심적 고통은 물론 육체적 통증까지 더해지니 '두려움=고통'이라는 등식은 굳어진 기준이 되어버렸다.

감정의 수도꼭지를 열게 되면서, 두려움 또한 정면으로 마주하게 되었다. 항상 피하기만 했던 두려움을 마주본다는 것은 정말 괴로운 일이었지만 두려움을 알지 못한다면 마음이라는 존재에 대해 도저히 알 수 있는 길이 없었다. 마음이 무엇인지 알 수 있어야 모든 고통의 시간을 끝낼 수 있음을 직감적으로 느낄 수 있었다.

위와 같이 몸과 마음의 신호가 왔을 때, '아, 내가 두려워하고 있구나.'를 인식하는 것이 가장 첫 번째 순서

이자, 가장 중요한 시작이다. '무엇을 두려워하고 있는 지'를 찾기 전에 '무엇을 하고 있는지'를 돌이켜보자.

지금 하는 일, 행동, 계획 어떤 것이든 좋다. 예를 들면 새로운 프로젝트를 시작, 집을 새로 계약, 새로운 직업을 찾을 수 있다. 처음 가보는 곳에 여행을 간다거나, 미뤄 왔던 일을 다시 도전하는 등 여러 가지 경우가 있다.

처음에 느낀 설렘은 잠시, 곧바로 두려움이 찾아온다. 이럴 때, 두려움에 빠지는 경우가 대부분이다. 하지만 두려움 자체를 그저 '바라볼 수 있는' 능력을 갖춘 사람은 하고자 하는 일, 혹은 하는 일을 무리 없이 성사시킬 수 있다.

비슷해 보이는 문장이지만, 다음 세 문장을 집중해서 읽어보자.

1. 당신은 지금 하고자 하는 일에 대해 두려워하고 있다.

2. 당신이 하는 그 일은 두려움을 끌고 왔다.

마지막 세 번째,

3. 당신이 두려움을 느끼는 이유는, 하고자 하는 그 일이 해 낼 수 있는 일임은 물론, 당신에게 커다란 이득을 가져다주는 일이기 때문이다.

한 번 더 정리하자면, 다음과 같다.

두려움은 가고자 하는 순작용에 따른 반작용(저항)이 가져오는 자연스러운 '현상'이다. 두려움을 고통으로 인지하는 이유는 두려움이 가져오는 감정적 혼란과 생각의 꼬임, 육체의 통증으로 인해 느끼는 일종의 착각이다. 작용이 있으면 반작용이 따라오는 것은 당연한 이치다. 선이 강해질수록 악은 강해진다. 다만 작용이 있으면 반작용이 있듯, 악은 순수 악으로서 순수 선을 막아내는 역할을 할 뿐이다. 때문에, 하고자 하는 일을 성공으로 이끄는 과정이 굉장히 어려운 것은 지극히 자연스러운 일이다.

저항은 불편함을 주고, 인간은 편안함에서 벗어나 불편함을 느낄 때 불안감, 우울감, 조급함 등이 나타난다. 이는 스트레스로 인지되고, 이를 풀기 위해 무분별한 쇼핑, 만남, 자위, 분노, 폭음, 폭식 등 무절제, 소모적 행동을 하지만 잠시 두려움을 묻어둘 뿐, 그 행동이 두려움 자체를 없앨 수는 없다.

두려움을 피하고, 외면하기 위한 행동은 더 큰 두려움을 몰고 온다. 흘려보내지 않은 감정은 밥을 먹고 소변, 대변을 보지 않는 것과 같다.

두려움은 외면하고 웅크리거나 대항해야 하는 감정이 아니다. 사람들이 두려움에 대한 언급을 멈추지 않는 이유는, 두려움 자체를 너무 커다란 저항의 대상으로 보고 있기에 생기는 현상일 뿐이다. 실상은 조그마한 벌레와 같지만 빛에 비친 그림자가 커다란 괴물 같아서 두려워하고 있는 모양새다.

두려움은 두려움 그 자체를 느끼고, 받아들이고, 겪어 내야만 사라진다. 두려움이란, 하고자 하거나 하고 있는 일의 방향이, 옳은 내 선택이며 가야 할 길이라는 것을 인지할 수 있게 도와주는 '도구'임을 반드시 기억해야 한다.

몇 번을 강조해도 부족함이 없다. 두려움은 당신이 가고자 하는 그 길이 얼마나 중요한 일인지, 당신에게 얼마나 큰 이득이 될 일인지 알려주는 척도일 뿐이다.

하나의 힘을 가하면 하나의 저항이 맞서고, 열 개의 힘을 가하면 열 개의 저항이 맞선다. 그것이 인생의 이치고 숨은 진리다. 이 사실을 믿고 뛰어들어 본 사람만이 두려움의 늪에서 헤어 나올 수 있다. 이것을 해낼 수 있는 사람에게 두려움은, 더 이상 고통이 아닌, 인생의 길 위에서 보이지 않는 목적지로 이끄는 안내자 혹은 예언자가 되어준다.

조그마한 꼬마를 겁내는 어른은 없다. 두려움은 내가 두렵다고 생각하고 있기 때문에 두려운 것이다. 두려움은 두려운 것이 아닌, '내가 잘하고 있고, 잘 가고 있는 것인가.'에 대한 대단히 훌륭한 신호등이다. 마음의 혼란과 몸의 통증은 신호등일 뿐이다. 신호등이 켜졌다고 해서 무섭다고 도망친다면 얼마나 우스운 일인가.

두려움은 '두려움'이라는 현상일 뿐이다. 점령당해야 할 이유가 없다는 사실을 안 지금 이후부터의 행동은 반드시 달라져야 한다. 너무나 오랜 세월 동안 두려움이라는 현상에 대해 착각하며 살아왔기에, 단번에 고치기는 쉽지 않을 것이다. 고정관념이 깨어지는 과정 또한 당연히 고통스러울 것이다. 하지만 더 이상 자신의 귀중한 시간과 소중한 가치를 낭비하고 싶지 않다면 이제는, 이를 악물고 달라져야 한다.

마음의 눈을 열고, 자신에게 일어나는 현상을 담담히 바라보자. 두려움 속에 머물지 말고, 두려움을 넘어

Fear pattern

'조그마한 꼬마를 겁내는 어른은 없다.

두려움은 내가 두렵다고 생각하고 있기 때문에 두려운 것이다.

두려움은 두려운 것이 아닌,

'내가 잘하고, 잘 가고 있는 것인가'에 대한

대단히 훌륭한 신호등이다.'

서자. 인생이 주는 즐거움과 평안을 되찾자. 축복된 흐름 속에서 순항하는 인생이 무엇인지 경험하며 살아가지. 두려움이 두려움이 아닐 수 있다면, 두려운 것은 더 이상 존재하지 않는다.

나의 약점은 _____

_____ 입니다.

"두려움은 두려움 그 자체를
느끼고, 받아들이고,
겪어 내야만 사라진다."

왜, 라고 되묻지 마라

언젠가부터 내 인생에서 일어나는 모든 사건에 대해 '왜'라는 질문을 하지 않는다. 누구보다 호기심이 많고, 남들에 비해 멍청하고 특별하다 할 경험이 많았던 터라, '왜'라는 질문을 누구보다 많이 나 자신에게 던졌다. 하지만 기존의 경험에 의한 생각의 조합 또는 사회적 통계의 기준에서 결과를 예측할 수 있을 뿐, 그것이 속 시원한 해답이 되지는 못했다. 도리어 답을 정해 놓으면 이후에 일어나는 난해한 현상들이 더욱 극심한 혼란을 일으킬 뿐이었다.

'왜'에 대한 답을 찾았다고 생각했던 적이 있었다. 하지만 답을 찾은 것이 아니라 내 무의식이 만든 조합을 해답이라 착각했었던 것이고, 그나마 답에 근접했던 것들조차 아주 얕은 수준의 지식으로 답을 정하고 있었다는 것을 알게 되었다. 그 이후 나는 '왜'라는 질문을 멈추기 시작했다. 질문을 멈췄다는 말인즉, 인생에서 일어나는 모든 현상에 대해서 신경을 껐다는 말과 같았다. 오직 내게 일어난 현상에 대해 어떻게 대처해나갈지에 대해서만 집중하기 시작했다.

일어나는 모든 일에는 이유가 있었다. 때문에 '왜?'라는 질문에 대한 답 또한 찾을 수 있다고 여기고 그 답을 찾는 데 집중했다. 하지만 갑작스레 일어난 사건, 생각의 예상 범위를 벗어난 일에 대해서 '왜?'에 대한 명확한 답을 찾을 수 없었다. 절대 찾을 수 없었다.

그에 대한 온전한 해답을 얻는다는 것은 하늘을 보고 '높다'라고만 말하고, 태양계와 은하계, 그 너머에 있는 소우주, 대우주는 보지 못함은 물론, 가늠조차 하지 못하는 것과 같았다.

인간은 눈으로 보이는 하늘 너머에 있는 것이 무엇인지 알아내기 위해 탐사를 계속해왔지만, 인간이 찾은 하늘 너머의 실상은 우주의 점만큼도 되지 않다는 것을 깨달았다. 그것은 수십 년간 우주를 탐구하던 인간들을 허탈하게 만들었다.

'이게 정답이야!'라고 확신했던 것이, 시간이 지나 또 다른 경험을 통해 완전히 새로운 답을 찾게 되는 경우가 허다하다. 이쯤 되면 무엇이 답이고, 무엇이 답이 아닌지를 정하는 것이 무슨 의미가 있을까.

결국 하나씩 하나씩 알게 된다. 알려고 하지 않아도 알게 된다. 다만 내가 '알았다'고 생각한 것을 나의 '기준'이 되지 않도록 놔 주어 흘려보낼 수 있는 것, 그것이 인생이 우리에게 요구하는 단 하나의 요청이다.

'왜 살아가는가?'에 대한 해답은 '어떻게 살아갈 것인가'에 집중하며 인생을 살아가는 이에게 자연스레 찾아온다. '왜 이런 일이 일어났을까, 왜 그래야만 했을까'

No matter why

'결국 하나씩 하나씩 알게 된다.

알려고 하지 않아도 알게 된다.

다만 그 앎이 앎의 전부가

아닌 것뿐이다.'

에 대한 질문에 대한 답을 아무리 파헤쳐 봐야, 먹어보지도 않고 맛을 안다고 말하는 것과 같다. 혀끝만 대보고 다 먹어봤다고 말하는 것과 같다.

행여 수십 년 파헤쳐 그 답을 얻어낸다 한들, 이미 그 답은 흘러 지나버린 지 오래다. 또 다른 답을 얻을 기회를 놓쳤을 뿐, 인생에 도움이 될 것이 하나도 없다. 도리어 다시 오지 않을 소중한 기회를 잃어버리는 허무한 결과만을 초래한다.

내가 감히 인생에 대해 글을 쓰고, 강림 작가의 그림과 함께 이 책을 펴내기로 결심한 이유는 감히 인생의 답을 찾았다고 생각했기 때문이 아니다. 누군가에겐 더 없이 부족하고 어려운 인생의 길에서 살아남아 얻어낸, 딱 지금까지의 경험과 앎을 전달하기 위한 역할에 충실하기 위해서다.

이 삶이 흘러가는 현상은 현상대로 놓아두고, 그 흐름을 모델로 글을 쓰고, 그림을 그렸다. '왜 사는가?'보다 '어떻게 오늘을 살아갈 것인가'에 집중하고 있는 삶의 태도를 글과 그림에 남기 위해 집중했다. 그것이 우리가 할 수 있는 최선이며 전부다. 글을 쏟아낼 수 있었던 이유며, 강림 작가와 같은 최고의 아티스트와 작업을 할 수 있었던 이유다.

'왜 이런 일이 일어날까?'에 대한 답은 굳이 찾지 않는 것이 현명하다. 그것이 좋아 보이든, 안 좋아 보이든 간에. 좋은 일도, 나쁜 일도 일어난 현상은 현상대로 가만히 볼 수 있는 마음. 그것이 우리가 인생을 살면서 반드시 가져야 하는 중심(中心)이며 핵심(核心)이다.

Reality vs Existence

'왜 사는가'보다 '어떻게 오늘을 살아갈 것인가'에

집중하고 있는 삶의 태도.

시
—
휴식

이토록 편안한 적이 있었던가.

이토록 고요한 적이 있었던가.

책상 위 작은 스탠드의 불빛만이 방안을 어슴푸레 비추는
이 공간에서, 숨소리와 키보드 치는 소리만이 서로 박자
를 맞추는 이 공간에서,

나는 이제야, 드디어 쉬고 있구나.

존재를 발견하려고 쉼 없이 뛰어왔던 세월을 돌아보니,

존재를 발견하기는커녕, 또 다른 존재를 만들어 존재를
막아서고 있었다.

착한 아들, 좋은 아빠, 존경받는 작가, 성공한 사업가, 그
리고 미움받지 않는 사람. 무언가 되려고 하는 여력을 모
두 잃어버리고 나니, 그제야 보이는구나.

되려고 하지 않을 때 나는 되어 있음을 발견하고,

하려고 하지 않을 때 나는 하고 있음을 인식한다.

사랑하는 이여,

불확실함 속에서, 이 두려움 삶에서 고군분투하는 그대여.

우리, 더 이상 무언가 되려고 하지 말자.

안되는 무언가를 자꾸 하려고 하지 말자.

볼 수 있는 것을 보고, 할 수 있는 것을 하자.

불안함과 두려움을 어떻게 벗어날까를 궁리하며,

어떤 존재가 되려고 하지 말자.

불안함과 두려움을 고스란히, 그대로 느껴보자.

어차피 불확실하고 흔들리는 인생의 길을 걸어가야 하는 것이 인간의 숙명이라면, 피하지 말고, 그 고통을 온몸으로 받아들이자.

어려울 것이다.

결코 쉬운 일이 아니다.

하지만 고통을 피하려다 우리는 더 큰 고통에 사로잡히게

된다.

고통에 찬 감정을 가슴을 부여잡고 그대로 받아들일 때,

무언가 되려 하는 나의 두려움에서 벗어나게 될 것이다.

불안함과 두려움 또한 나의 진실한 감정이다.

그것을 고통이 아닌 곧 지나가는 비바람으로 인지하고 받

아들일 때,

감정 가운데에서도 긴장하지 않고, 머물지 않으며,
침착해지는 경험을 하게 될 것이다.

조용해야 조용한 것이 아니다.
시끄러워서 시끄러운 것이 아니다.
모든 평안과 사랑의 기쁨은 내 안에 있다.
편안하게, 고요하게
나와 당신, 우리 모두의 삶이 바로 서기를 기도한다.

나의 이 기도가 집착과 관념이 아닌,
흘러감에 따라, 이루어져야 할 바로 그때
이루어짐을 자연스레 받아들이고 있기에,
나는 그대에게 기꺼이 전한다.

나는 _____

_____ 을 잘합니다.

"그 앎조차도 내 기준이 되지 않도록
흘려보낼 수 있는 것,
그것이 인생이 우리에게 요구하는
단 하나의 요청이다."

생각의 밖으로
나가라

두 번째 인생.

마음을 비우지 마세요

물컵에 물을 따른다. 그 물을 마신다. 이 물은 채워진 것일까, 비워진 것일까. 물의 입장에서보면 몸에 채워진 것이고, 컵으로부터는 비워졌다. 이 물은 소변이 되어 배출된다. 물은 다시 있던 곳으로 되돌아가고, 몸으로부터 또다시 비워졌다.

채워짐과 비워짐을 반복하며, 이곳과 저곳을 넘나든다. 비단물의 형상만이 아니다. 자연에서 나온 모든 형상이 그러하다.

마음공부가 유행이다. 열풍이다. 마음을 공부해야 한다는 것을 느낀다는 것은, 마음의 정체가 무엇인지 알고, 다스릴 필요가 있다는 것을 깨달았기 때문이다. 마음공부를 시작하는 사람은 대부분, 겉으로는 드러내지 않아도, 마음이 괴롭고, 힘들다. 그들이 하는 마음공부는, 이로부터 벗어나기 위한 목적이 있다.

공부를 하면서 알게 된다. 마음을 공부한다는 것은 마음이 무엇인지 알고 다스리기 위함이고, 마음을 다스린다는 것은 채워진 마음을 비우는 것이며, 다시 채워짐과 비워짐을 반복하는 과정에서 마음의 성장이 일어나게 됨을 깨닫는다. '마음공부가 끝이 없다'라고 말하는 연유가 여기에 있다.

다만, 나는 마음공부에 대해 조금 다른 생각을 가지고 있다.

우선, 마음은 '공부해야 할' 대상이 아니다. 그럴 이유가 없다. 공부란 파고들어 탐구하고 지식을 얻는 것을 말하는데, 마음은 그러할 대상이 아니다. 마음을 공부의 대상으로 접근해서는 안 된다. 또한 '마음은 내가 아니다'라는 말을 하는 사람들이 있다. 그럼 누구란 말인가. 마음이 내는 생각과 감정이 내 것이 아닐 뿐, 마음 자체는 나라고 여겨주는 것이 맞다.

'나'를 크게 양분하면 몸과 마음이라 말할 수 있다. 세 가지로 나누면 몸과 마음과 영혼, 네 가지로 나누면 몸과 마음과 영혼과 의식체, 그에 다다르면 공(空)으로 다다라 비움이 일어나고, 무(無)로 다다라 비움의 형체마저 없어진다. 그 이후 현(現)과 시(是)의 단계를 거치며, 순간에 놓인 삶이 옳은 길로 절로 흘러가는 인생의 흐름에 편승된다.

이 책을 읽는 모든 이들이 하나씩 경험하게 될 과정이다. 마음이 곧 '나'라는 의식을 두는 것만으로도, 자연스레 마음과 연결된 몸을 의식하게 되고, 몸을 의식하게 되면 영혼이라 부를 수 있는 나의 참 존재가 연결됨을 느낀다.

영혼은 의식체와 연결되어 비움이 일어나고, 비운 후 남아있는 틀(frame)조차 깨트리면서 진정한 무로 다

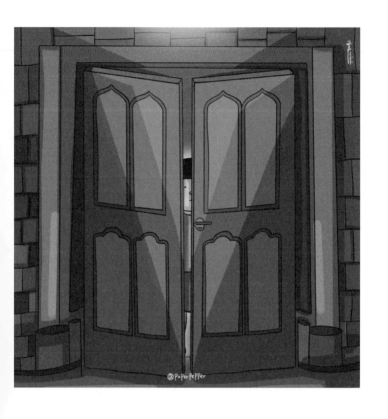

I want to go out

그 앎조차도 내 기준이 되지 않도록

흘려보낼 수 있는 것,

그것이 인생이 우리에게 요구하는

단 하나의 요청이다.

다른다. 그 이후 '없음'이 나이며, '있음' 또한 나라는 것을 깨닫는다.

여기까지 오는 데 있어, 시작되는 지점이 바로 마음이다. 정말 중요하고 소중하다. 탐구적인 공부가 아닌 바라볼 수 있는 사랑으로 지켜보고 바라보며 알아가야 하는 이유다. 행여 마음공부라는 이름으로 자신의 마음을 압박하고 있는 것은 아닌지 들여다볼 때다.

마음은 다스리기 이전에, 품어주고 소통하며 지켜줘야 할 대상이다. 하지만 무척이나 변덕스럽고, 두려움에 극과 극의 생각을 뿜어내며 정신을 고통 속으로 몰아세우기도 하며, 온갖 감정들을 받아들이면서 제대로 대처하는 방법도, 표현하는 방법도 알지 못한다.

어릴 적 기억에 갇혀 버려야 할 습관과 트라우마를 무의식에 가두기도 한다. 사랑을 갈구하지만 사랑을 밀쳐내기도 하는 그런 존재가 바로 마음이다.

복잡해 보이지만, 마음은 그 누구도 아닌, 나 자신이 지켜줘야 할 '나'임이 분명하다. 때문에 나는 내 인생의 주인으로서, 마음을 성장시켜주어야 할 책임과 의무가 있다. 존재로서 사는 인생과 영적 성장을 위해서 마음의 성장이 균형을 맞추어야 한다.

하지만 이 사회는, 어른들은, 부모들은 그 성장의 밸런스를 맞추는 법을 배운 적이 없다. 물론 가르쳐 본 적도, 가르칠 수도 없다. 눈에 보이는 기준의 성장만을 요구하거나 지식적 수준의 깨달음으로 마음을 '공부'하게 한다. 그렇게, 많은 사람들이 마음의 문을 스스로 닫아버린 채 나이만 먹는다.

마음을 내어주는 것은 도리어 상처를 받는 것이며, 마음을 닫아버리는 것이 가장 편하게 세상을 살아가는 방법이라 여긴다. 그렇게 무늬만 어른인 어른이 된다.

커져가는 상처와 고독 속으로 자신을 밀어 넣는다. 안타깝고 가슴 아픈 현상이 반복된다. 이 현상이 지속되면서 마음은 '시(是)'로 다다르기도 전에 닫혀버린다. 세상이 정한 옳음이 아닌 자신 안에 있는 '옳음'에 가까이 다가가기도 전에 마음을 닫아 버린다.

아름다운 한 사람으로서, 인생으로서 지닌 고유의 힘을 사용하지 못한다. 감정과 생각이 행동을 지배하도록 놔두게 된다. '나'로서 인생에서 누릴 수 있는 것들을 상실해 간다.

이것이 지금 우리 사회의 현실이다. 우리는 그러한 현실 속에서 자라왔고, 여전히 살아가고 있다.

'나'로서 살 수 있는, 딱 한 번 주어진, 나의 인생이다. 수명을 다하는 날까지, 나는 내 몸과 마음을 지켜줄 책임과 의무가 있다. 인생의 처음이자 마지막까지 함께 갈 마음이라는 존재는, 일생의 경험과 깨닫는 모든 과정을 함께한다.

그 과정 속에서 역경과 고난 뒤에 선물이 있다는 걸 알게 되고, 두려움이 고통이 아닌 나아가라는 신호란 걸 알아가면서, 마음은 비 온 뒤 굳어지는 땅처럼 조금씩 단단해진다.

힘들고 회피하는 마음에 매번 일어나라고 다그칠 것이 아니라, '힘들면 잠시 쉬어도 돼, 기다릴게.'라고 해

줄 수 있어야 한다. '이건 내가 잘못했으니 사과해야
해.'라고 책임지게 할 수 있어야 한다. 달래줄 땐 달래
주고, 꾸짖을 땐 단호할 줄 알아야 한다. 그럴 때 마음
의 성장은 물론, 마음을 바라보는 하나의 '나'로서, 위
의 과정들이 아주 자연스레 일어나게 된다.

　생각은 생각의 역할대로, 감정은 감정의 역할대로,
잠시 머물다 흘러갈 수 있도록 마음을 다독여주자. 사
랑은 사랑의 역할대로 마음을 충만하게 채워줄 수 있게
허락해 주자. 이것이 우리가 마음에게 할 수 있는 전부
이며, 그 또한 우리에게 주어진 인생의 역할이다.
　'마음을 비우다, 마음을 채우다' 라는 말은 사실, 정
말 어렵고 난해하다. 아직 어린아이로 머무는 마음에
'비워라, 채워라' 명령과 요구를 반복하며, 알아듣지도
못할 언어로 마음을 괴롭히고 있는 건 아닌지, 가만히
들여다볼 때다.

　마음에게 말을 건네보자.

마음아 안녕

'미안해, 이제야 내가 내 마음을 본다.'

'반가워.'

그리고 이렇게 말해보자.

'우리가 아직 인사도 제대로 하지 못했구나.'

마음이 움직이는 것이 느껴진다면, 다음 말을 건네어보자.

'미안해, 이제야 내가 내 마음을 본다. 용서해.'

울컥한 마음이 느껴질 수도, 눈물이 터져 나올 수도 있다. 마지막으로 이렇게 말을 전해보자.

'내 마음이어서 고마워, 내가 많이 사랑해.'

마음을 비우려 하지도, 채우려 하지도 말자. 비워지게 기다려주자. 채워지게 보듬어주자. 마음을 바라본다는 것은, '나'로서의 시선을 가지게 된다는 의미다. 그렇게 나는 나로서, 나를 바라볼 수 있는 주체가 된다. 그렇게 마음은 온전한 내가 된다.

나는 _____

_____ 을 못합니다.

"마음은 내가 지켜줘야 할
'나'임이 분명하다."

무거움의 무게

무거운 이불이 주는 안정감이 있다. 잠에서 막 깨어나 쌀쌀한 아침 기온에 피부가 맞닿을 때, 두툼하고 무거운 이불 속으로 쏙 들어가면 느껴지는 기분 좋은 안정감이 있다. 단순히 따뜻함을 넘어 몸을 지그시 눌러줄 때 느껴지는 무거운 이불의 안정감. 하지만 일상에서 사용하는 '무겁다'의 표현은 대부분 부담감의 영역이다.

'마음이 무겁다. 어깨가 무겁다. 발걸음이 무겁다.'

무언가 시작하려 할 때, 중요한 책무를 맡았을 때, 갈등이 일어났을 때, 당장 결정해야 하는 일이 닥칠 때, 우리는 '무거움'을 느낀다. 무거운 이불을 넘어 무거운 철근에 깔린 것 같은 압박감을 느끼고, 도망치고 싶은 충동까지 든다.

그러나 우리가 느끼는 무거움은 스스로 만들어낸 무게일 뿐, 분명 무거움, 그 속에서만 느낄 수 있는 안정감이 있다. 진중함이 있다. 신중함이 있다.

무거운 바벨이 큰 근육을 만들어주고, 무거운 음성이 청중을 집중하게 한다. 무거움을 부담'감'으로 느끼는 감정의 영역을 넘어서면 그 무게는 사라진다. 그것을 할 때가 되었을 때, 이룰 때가 되었을 때 짊어진 무거움은 어느새 가벼워진다.

이유는 간단하다. 내가 느끼는 무거움은 두려움이 발목을 잡은 허상의 무게였기 때문이다. 나아가야 할 때가 되었으니, 두려움이 나를 잡았던 것이다.

또한, 무거운 중압감을 이겨내고 다음 단계로 발을 내디뎌본 사람은 알고 있다. 그렇게도 무겁던 것이 곧 가벼워지고, 또 다른 무거움이 찾아온다는 사실을. 그리고 그 무거움 또한 나아가야 할 신호임을 알고 가볍게 움직인다. 거듭 단계를 올라가며 무거움을 짊어져 본 사람은, 무거움이 무거움이 아니라는 것을 깨닫게 되기 때문이다. 그렇게, 진정으로 강한 사람이 되어간다.

지위가 올라가야 강해지는 것이 아니다. 가진 돈이 많아야 강해지는 것이 아니다. 강함은 힘을 사용할 줄 아는 자에게 붙일 수 있는 수식어다. 힘을 사용할 줄 안다는 뜻은, 두려움과 저항을 이겨낼 수 있음을 뜻한다. 깨달음, 지식, 지위, 재력을 이용하여 무거움을 이겨내려 하는 자가 아닌, 무거운 중압감을 묵묵히 짊어질 수 있는 자가 바로 진정한 초인(超人)이다.

자신이 점점 강해지고 있음을 깨달을 수 있는 이유는 짊어질 수 있는 무거움의 무게 때문이다. 그 무게를 기꺼이 즐길 수 있는 이유다. 무서움은 고통이 아니다. 내가 짊어질 수 있는 때가 되었다는 것을, 그만한 자격이 되었다는 것을 보여주는 가장 확실한 척도다.

주위에서는 나를 _____

_____ **라고 말합니다.**

"무거움, 그 속에서만 느낄 수
있는 안정감이 있다."

자존심이라는 그림자 뒤에 숨지 마라

외국에서 어린 시절을 살다가 한국에 오게 된 고등학생 A양은, 따돌림을 당하고 있다며 고민을 토로했다. '좋고 싫은 제 감정을 정확히 표현하는 편일 뿐인데, 친구들은 나를 재수 없다고 따돌려요. 그러다 보니 좋아도, 싫어도 자꾸 눈치를 보면서 말하게 돼요.'

한국이 좋아서 한국 기업으로 어렵게 취업하게 된 영국인 J씨는 회사 생활에 어려움을 겪고 있다며 한숨을 쉬었다.

'그들이 나를 도와주기 위해서 하는 행동이라지만, 나는 그게 불편해요. 마치 울타리 안에서 벗어나지 말라고 압박하는 느낌입니다. 한국 회사는 집단을 따르지 않는 사람을 좋아하지 않는 것 같아요.'

외국에서 어린 시절을 보낸 사람들이나, 외국인들과 대화를 하다 보면, 한국에서 태어나 한국 사람으로 살아온 지들은 인지하지 못하는 무인의 장벽이 있다는 생각이 든다.

'한국에 왔으면 한국의 문화에 따라야 한다.'라고 말할 수 있지만, 그렇다고 해서 이들의 행동이 잘못된 것이라 따져 물을 수 없는 것도 당연하다. 또한 문화의 차이를 극복하기 힘든 것도 당연히 이해할 수 있다.

다만, 우리는 집단에서는 이해하지 못한다고 말하면서도, 개개인의 시선에서 물어보면, 솔직히, 그들의 문화를 부러워하며 선망하고 있는 사람이 거의 대부분이다.

특히 나 자신을 먼저 챙기고, 나의 영역을 지키는 문화에 대해 그러하다. 자존감을 확립하기 위해, 나 자신을 찾아가는 자기계발에 많은 비용과 노력을 쏟고 있는 사람들이, 바로 한국 사람들이다. 인식이 많이 바뀌었다고 하지만, 집단 내에서 말 못하는, 답답하고 억압된 현 상황을 인식하고 있기 때문이다.

대부분의 사람들은 자신의 주체성을 '찾아'가려고 노력하기보다, 또 다른 주체성을 '만들어'가려고 노력한다. 그게 더 쉽기 때문이다. 진짜 나의 모습을 보이는 것보다, 적당한 타협점을 가진 또 하나의 페르소나를 만드는 것이 사회적인 관계에서 훨씬 쉬운 일이기 때문이다.

페르소나가 중첩될수록 자신의 본질을 잃어가는 사람들이 많아지는 것 또한 당연한 일이다. 그 때문에 신념이 아닌 고집으로 뭉쳐진 사람들이 많아지고, 고집은 집단의 기준이 되어 서로 헐뜯고 싸우기에 바쁘다.

사회의 일원이 되기보다 프리랜서로 활동하거나 아르바이트로 일하는 사람들이 많아지고, 외딴섬이나 산에 들어가 살거나, 집 안에 들어가 나오지 않는 사람들도 점점 많아지고 있다.

얼핏 보면 주체성을 가진 사람들의 행위로 보일 수 있으나, 사회적 동물로서 살아가는 인간의 섭리를 회피해버리는 행위, 자신을 사회와 단절시키는 행위와 같다. 욜로(yolo)라는 슬로건을 통해 가고 싶은 곳에 여행을 다

Weight of Weight

'자신이 점점 강해지고 있음을

깨달을 수 있는 이유는

짊어질 수 있는

무거움의 무게 때문이다.'

니거나, 사고 싶은 것들을 마음껏 사면서 '인생은 한 번뿐'을 외치는 사람들은 많아졌지만, 이 또한 원해서가 아닌, 원한다고 착각하는 경우가 대부분이다. 욜로는 이미, 보여주기 위한 요소로 전락해 버린 지 오래다.

이는 '해방'이 아닌 '해소'의 개념에서 빠져나오지 못했기 때문이다. 진정한 해방은 온전한 주체성에서 이루어진다. 결국 여행도, 소비도, 누군가가 하는 것을 따라 하고, 따라 사는 것에서 크게 벗어나지 못한다면 압박에서 해방되는 것이 아닌 압박에 의한 욕구 해소에 그쳐 버린다.

기존 회사가 싫어서 이직을 하거나 창업을 결정한 사람은 다음 회사에서도 반드시 똑같은 이유로 어려움을 겪는다. 그 전 회사, 그 전 사람 간의 문제도 분명히 존재하겠지만, 자신 안에서 발생한 문제를 우선 인지하고 해결하는 것이 급선무다. 그 회사, 그 사람들의 문제는 그쪽에서 알아서 할 일이고, 내 문제는 내가 해결해야 한다. 아무도 해결해주지 않는다.

나 자신조차 인지하지 못한 문제로 인해 어려움이 반복될 수 있다. 하지만 기억해야 한다. 어떤 경우든 '문제'라고 여길 현상이 나타나면, 외부적인 문제를 넘어 내 안에서 해결되지 않은 문제가 존재한다는 사실을 말이다. 그 또한 신호다. 때문에 내 안에서 해결되지 않은 문제점을 찾아내고, 그 문제를 해결하는 데에 집중해야 한다. 그래야 온전한 주체성이 생긴다.

'문제'라고 표현하고 싶지 않지만 —이 단어를 들으면 자신을 탓하는 사람들이 꽤 많기에 노심초사하여 하는 말이다.— 상황을 해결하기 위해 그 상황을 문제로 지칭한 것뿐이지, 자신을 탓하라고 쓰는 단어가 아니다.

'내가 문제야'라며 자신을 탓하지 않길 바란다. 그 탓이 도리어 문제라면 문제다. 자신 안에 있는 문제는 그저 꼭 풀어야 하는 수학 문제 한 문제 정도라고 보면 된다. 다만 어렵다는 생각에 풀지 않고 외면하고 있었을 뿐이다.

자, 문제라는 단어의 인식을 다시 정립하고 자신 안에 있는 '문제'를 정확하게 들여다보자.

The Paradox of the Matter

'자존감을 높이기 위해서는

생각과 에고의 덩어리로 만들어진

관념을 내려놓아야 한다.

이 관념은 고정이 되어 쉽게 부서지지 않는다.

죽을힘을 다해 수치스러워야 하고,

죽을힘을 다해 부끄러워야 한다.

그래야 자존심이 무너지고, 그 기회에 자존감이 자라난다.'

문제점이 무엇인지 발견하기 위해서는 자신에게 질문을 던져보는 것이 가장 효과적이다. 마중물이 있어야 원하는 물이 콸콸 쏟아져 나오듯, 페르소나가 아닌 '나'라는 본질로서의 대답을 끌어낼 수 있는 본질적인 질문을 던져야 한다. 다음의 질문에 그 어떤 마음의 걸림도 없이, 자존심 내려놓고, 솔직하게, 진솔하게 답을 써 내려가보자.

"나는 지금 어떤 상태인가.
내가 정말 원하고 있는 것은 무엇인가.
내가 정말 가고 싶은 곳은 어디인가.
내가 정말 바라는 행복은 무엇인가.

나는 많은 돈을 원하는가.
얼마만큼의 액수를 원하는가.
그 액수만큼 돈이 있다면, 정확히 어디에 사용할 것인가.
내 돈을 그곳에 사용하는 이유는 무엇인가.
나는 그 돈을 쓰면서 즐거운가.

내가 생각하는 성공은 무엇인가.

그 성공은 내가 원하는 것인가, 내가 가지지 못한 것인가.

성공한 나와 성공하지 않은 나는 어떤 차이가 있는가.

그렇게 바라보는 이유는 무엇인가.

나는 나 자체로 어떤 가치가 있는가.

나라는 존재에 어떤 수식어가 붙기를 바라는가.

그 수식어는 내가 원하는 것인가, 내가 가지지 못한 것인가."

이 질문들을 통해 '문제'로 다가갈 수 있다.

자존감을 높이기 위해서 생각과 에고의 덩어리로 만들어진 관념을 내려놓아야 한다. 나는 이 관념을 자존심이라 부른다. 이 덩어리는, 이 관념은 고정이 되어 쉽게 부서지지 않는다.

부서지는 방법은 하나밖에 없다. 죽을힘을 다해 수치스러워야 하고, 죽을힘을 다해 부끄러워야 한다. 그래야 자존심이 무너지고, 그 자리에 자존감이 자라난다.

자존감은 '나'라는 존재를 명확하게 알기 시작하면서 자라난다. 태어나면서부터 내가 어떤 존재인지 알 수 있는 사람은 없다. 죽기 직전에 다 알 수도 없는 광활한 존재가 '나'라는 존재이기 때문이다. 그래서 완전한 자존감이란 것도 사실, 존재하지 않는다. 다만 가까이 갈 뿐이다.

할 수 있는 것은 그저 지금, 이 순간 온전한 '나'로 사는 것, 그뿐이다. 이것이 인생이 가진 유일한 목적이길 바란다. 그래야 인생의 과정에서 참된 목표가 발현된다. 페르소나로서의 내가 아닌 '나'로서의 나만이 이 순간 존재할 수 있게 된다. 나에겐 이 과정이, 내가 발견한 내 인생의 사명이자 가장 큰 기쁨이었다.

나 자신을 믿고 존중하는 만큼, 상대를 믿고 존중할 수 있다. 나를 믿고 존중하는 만큼, 내가 가진 것을 꾸미지 않고, 덜어내지 않고, 있는 그대로 진실하게 표현할 수 있다.

이것이 자존감의 핵심이다. 그래서 자존감을 가진 사람은 자유롭다. 해방되어 있다. 거침없다. 긍정적이며 현재에 충실하며 미래 지향적이다. 자유롭기 위해,

긍정적인 사람이 되기 위해 애를 써야 그렇게 되는 것이 아니다. 자존감을 세우려 한다고 해서, 자존감이 세워지는 것이 절대 아니다.

껍질을 막 탈피하고 있는 성충의 모습을 들여다보면 꽤 징그럽다. 막 태어난 아기의 모습을 보고 예쁘다고 느끼는 사람도 드물다. 하지만 누가 뭐라고 해도 내 인생이다. 다른 사람의 시선 따위야 크게 신경 쓸 필요가 없다.

성장의 과정이 예쁘게 보일 리 없다. 그저 각자의 성장에 집중하고, 도모하며, 진정한 자존감을 세워나가는데 온 힘을 기울인다면, 자신은 물론 다른 사람 또한, 눈으로 보이는 현재의 모습을 넘어 그가 가진 진실한 가치를 바라보며 그의 성장을 응원해 줄 수 있다.

당신이 그 어느 곳에 있든, 그 누구와 있든 인생에 누릴 수 있는 본질적 자유와 해방을 경험하며, 언제나 긍정적인 태도로 행복한 순간들을 쌓아가는 한 사람이 되길 바란다.

더 이상 자존심이라는 그림자 뒤에 서 있지 말고.

나는 _____

_____ 분야만큼은 전문가라고 말할 수 있습니다.

"사람들은 자신의 주체성을
'찾아'가려고 노력하기보다,
또 다른 주체성을 '만들어'가려고
노력하게 된다. 그게 더 쉽기 때문이다."

욕망, 누르지 말고 다스려라

관계를 유지하기 위해 애쓰지 마라. 몸무게를 유지하기 위해 애쓰지 마라. 성적을, 매출을 유지하기 위해 애쓰지 마라.

더 사랑하라. 평생을 두고 본 사람도, 평생을 살아온 장소도, 더 자세히, 가만히 바라보면, 사랑할 것이 더 많이 남아있다.

더 건강하라. 내 몸이지만, 남의 몸보다 모르는 것이 많다. 보이는 곳을 넘어 보이지 않는 내 몸의 신호에 더 귀를 기울여라. 내 몸은 언제나 관심을 원한다.

더 높은 곳을 향해 가라. 이 순간 누리고 있는 모든 것에 감사하되, 그것에 안주하지 마라. 안주하는 순간, 누리는 것이 아닌 놔 버리고 싶지 않은 것이 된다.

놓지 않는 순간, 삶의 흐름은 멈춰버린다.

더 높은 곳을 향해 가려 하되, 더 높은 기준을 만들지 마라. 어떤 기준을 세우려 하는 순간 욕망은 더럽혀진다. 욕망은 욕망 그 자체로 존재해야 한다. 나를 움직이게 하는 동력으로 존재하면 충분하다.

더 많이 행복하고 싶다면, 우선 지금 이 순간을 행복하게 느낄 수 있어야 한다. 더 높이 가려는 순수한 욕망은, 이 순간을 온전히 인식하고 깊이 감사하는 자에게 오는 선물과 같다.

'지금 이 순간, 나는 존재하며, 나는 평안하며, 나는 온전하다.'

위 문장을 가슴으로 믿는 사람은 시간이 흐른 다음 순간에도, 그 어느 순간에도 자신은 존재하며, 평안하며, 온전하다는 것을 믿을 수 있다. 다음 순간의 존재와 평안과 온전함은 순수한 욕망으로 인한 새로운 변화의 산물임을 확신할 수 있다.

인간의 삶에 있어 욕구와 욕망은, 누르거나 없애야 할 대상이 아닌 소중히 다스려야 할 대상이다.

욕구가 욕정이 되고, 욕망이 야욕이 되어 인생의 흐름이 어긋나지 않도록 해 주어야 한다. 욕망이라는 단어가 사랑, 건강, 감사, 믿음, 소망과 같은 아름다운 단어로 사용될 수 있도록 잘 다스려 주어야 한다.

'이 순간에 감사하라.'라는 뜻이 현실에 안주해도 된다는 당위성을 주지 않길 바란다. '이 정도면 됐어.'라고 자위 하지 않길 바란다. 진실로 이 순간을 의식하고 감사하는 당신이라면, 더 높은 이상과 더 높은 곳에 시선을 두어도 된다. 고개를 숙여 '지금'을 보는 자에게는 더 높은 곳으로 인생이 흐르기 때문이다.

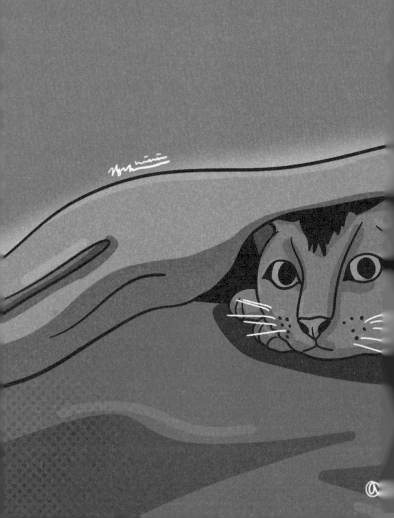

The Butler of Desire

'더 높은 곳을 향해 가려 하되,
더 높은 기준을 만들려고 하지 마라.
어떤 기준을 세우려 하는 순간
욕망은 더럽혀진다.
그저 욕망은 욕망 그 자체로 존재해야 한다.

방황, 지독히도 아름다운 신호탄

방황과 변화를 사랑한다는 것은 살아있다는 증거다.

—바그너 *wagner*

집에 붙어있는 날이 별로 없다. 이사도 1년에 두세 번은 기본으로 다녔다. 어디를 그리 바삐 다녔는지, 역마살이란 게 있다면 나를 두고 하는 말이었을 것이다. 한편 움직이지 않을 때는 바깥출입을 아예 하지 않았다. 하다못해 방에서 거실에도 나가지 않았다. 가끔 화장실을 가는 것 빼고는 거의 서재에 콕 박혀있었다.

나는 본능적으로 느낀다. 내가 움직여야 할 때가 언제인지, 내가 웅크려야 할 때가 언제인지. 당장 보이는 현상이 승승장구하는 것처럼 보여도, 편안해 보여도,

기시감이 소름 돋듯 느껴질 땐 바로 변화를 모색하고, 실행한다.

당장 보이는 현상이 위험해 보여도, 불안해 보여도, 당장 무언가 조치를 해야 할 것처럼 보여도, 묵묵히 기다리면 움직여야 할 때가 찾아온다는 것 또한 알고 있다.

타고나기를 초민감한 사람으로 타고났지만, 대책 없고 멍청해 보일 정도로 지나치게 많은 실수와 실패를 경험한 덕분에, 굳이 하지 않아도 될 방황을 경험한 덕분에, 내 몸과 마음은 어떤 상황에 대한 신속한 반응과 예지를 주는 신호체계로 구축되었다. 이 모든 공은 '방황'의 성과다.

유난스럽다고 느낀 적이 많았다. 유난스럽다는 말을 하루걸러 하루씩 듣고 살았다. 그 소리가 좋게 들리지 않았다. 나도 편안하게 살고 싶은데, 저 아파트 불빛 안에 있는 사람들처럼, 가정을 이루고, 하하 호호 낄낄 깔깔대며 그냥저냥 살아가도 괜찮을 듯싶은데, 어찌하여 내 인생의 방황은 멈추지 않느냐고 탄식하며 유난스

The Wandering Light

'아무리 흔들려도 내 시선은 그 곳을 떠나지 않는다.

입가에 머금은 미소는 사라지지 않는다.

발 끝은 그 곳을 향해 있다.

방황은 변화를 시작케한다.

변화는 나를 자유케한다.

자유는 내가 살아있음을 온 몸으로 느끼게 한다.'

러운 나 자신을 비난하고 증오했다. 결국 내가 선택하고, 내가 행한 일인데 누구를 탓할 수 있었겠는가.

꽤 많은 방황을 경험하고 나서야 알게 되었다. 방황은 변화를 맞이하기 위한 몸짓이고, 좁은 길을 뚫고 들어가기 위한 격정이었다. 그 과정에서 나뿐만 아니라 주변 사람들에게도 상처를 주게 된 일이 많았지만. 방황을 끝낼 방법은 주어진 길을 멈추지 않고 끝까지 걸어가는 수밖에는 없다는 것을 알게 된 이후, 나는 폭풍과 같은 방황 속에서 똑바로 정신을 차리기로 결심했다.

누군가는 10대에 방황을 끝낸다. 누군가는 70대에 방황을 마친다. 누군가는 20, 30년을 한 자리에서 살고, 일한다. 누군가는 1년에 2, 3번씩 집을 이사하고 직장을 옮긴다. 누구는 잘했고, 누구는 잘못했다 하기 전에 꼭 알아둘 것은, 각자에게 주어진 방황의 시간이 다르다는 점이다. 유난스럽지만 그러하다. 옆에서 아무리 조언해도, 뭐라고 해도, 각자 방황을 멈출 때가 있고, 끝까지 방황 속에 사는 사람도 있다.

나를 사랑한다는 것은 방황의 영역과 시간을 온전히

이해하고, 인정하며, 허용하고, 수용한다는 것과 같다. 방황은 기존의 습을 탈피하고 새로운 나로 탈바꿈할 수 있도록 해줄 수 있는 흔들림과 같다.

나는 지금도 방황하고 있다. 지독히도 흔들려야 뿌리가 깊어진다는 말을 실감한다. 나뿐만 아니라 세상 모든 사람이 각자 앞에 놓인 상황만 다를 뿐, 매일 방황 속에 산다고 해도 과언이 아니다. 이를 받아들이고 난 후, 더 이상 흔들리고 싶지 않다는 생각은 내려놓아졌다. 도리어, 방황을 받아들인 이후 변화의 속도는 빨라졌다.

아무리 흔들려도 내 시선은 그곳을 떠나지 않는다. 입가에 머금은 미소는 사라지지 않는다. 발끝은 그곳을 향해 있다. 방황은 변화를 시작하게 한다. 변화는 나를 자유롭게 한다. 자유는 내가 살아있음을 온몸으로 느끼게 한다. 존재로서 존재함을 느끼게 한다.

존재로서 나를 바라볼 수 있는 이유는 지금 당장 눈에 보이는 내가 아닌, 눈으로는 볼 수 없는 나를 바라봄이다. 그렇게 나를 바라볼 수 있는 이유는 나의 방황을 깊이 사랑하기 때문이다.

그래서, 나의 방황은 지독히도 아름답다. 나의 변화는 지독히도 강렬하다.

그래, 이게 사는 거지. 이게 살아있는 것이지.

이렇게 생겨먹었는데 어떡하겠는가.

내가 가장 오랫동안 해온 일은 _____

_____ 입니다.

"도리어, 방황을 받아들인 이후
변화의 속도는 빨라졌다."

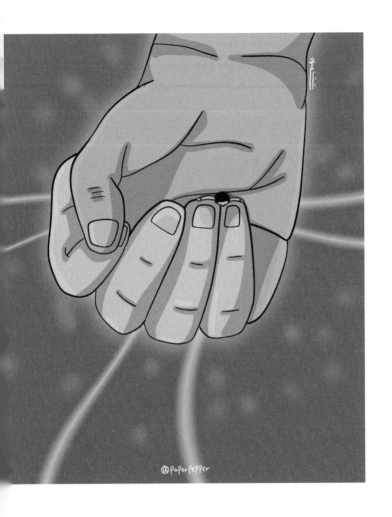

Grab n Flap

나의 방황은 지독히도 아름답다.

나의 변화는 지독히도 강렬하다.

불확실성 뒤에
서 있는
확신이라는 이름

세 번째 인생.

나의 성공을 믿지 않는 사람들

'역사는 승자의 기록이다.'라는 말이 있다. 전쟁에서 살아남은 자들이 기록을 남겼고, 그 기록에는 당연히 승자의 의견만이 남아있다. 패자의 기록은 없다.

나는 '실패는 성공의 어머니다.'라는 말을 가장 좋아하고, 가장 신뢰한다. 실패 없는 성공은 절대 존재할 수 없기 때문이다. 역사에 남은 승자의 기록에도 물론 실패의 과정이 들어있다. 다만 내 인생의 성공을 위해서는 실패로만 끝난 사람들의 기록에 귀를 기울여봐야 할 필요가 있다.

이 책을 쓰는 이유는 모두가 행복하고, 성공하길 바람이다. 실패한 사람들의 삶을 들여다보는 것이, 다소 불편할 수 있겠지만, 반드시 들여다봐야 성공의 문을 열 수 있다는 것이 많은 성공자의 기록이기도 하다.

실패한 사람과 성공한 사람의 공통점은, '실행했다.'라는 점이다. 실행했기에 실패도 있고, 성공도 있었다. 하지만 아무런 행동도 하지 않은 사람에게는 실패도 성공도 없다.

말은 쉽다. 하지만 쉽게 보이는 '실행' 하나를 하기가 얼마나 두렵고 무서운지 모른다. 사람이라면 자연스레 느낄 수밖에 없는 공포다. 퇴사하고 싶지만 할 수가 없다. 왜? 돈을 벌어야 하니까. 대출을 갚아야 하니까. 가족을 부양해야 하니까.

사업을 하고 싶지만 할 수가 없다. 왜? 돈이 없으니까. 잘 될지, 안 될지 모르니까. 자신이 없으니까. 여행을 가고 싶지만, 뭔가를 배우고 싶지만, 새로운 일을 하고 싶지만, 더 많은 사람을 만나고 싶지만.

행동하기 전, 두려움과 공포로 밀어 넣는 생각들이다.

여기서 대부분 사람들이 실행을 멈춘다. 아니, 실행하기도 전에 멈춘다. 시작하지도 못하는 경우가 다반사다.

사람들이 눈에는 성공의 결과보다 그 과정 속의 실패를 본 것이 더 두려울 수밖에 없다. 당연한 일이다. 해보지 않은 일과 가보지 않은 곳이라 해도 선뜻 뛰어들기가 무섭게 느껴진다. 그것이 실패라는 관념이 주는 강력한 두려움이다. 하지만 막상 실패를 경험해보면, 실패는 성공의 '어머니'처럼 다정하다는 것을 알게 된다.

> 두렵지만,
> 그럼에도 불구하고, 퇴사를 결심하고 사표를 냈다면.
> 그럼에도 불구하고, 창업을 결심하고 사업을 시작했다면.
> 그럼에도 불구하고, 여행을 결심하고 훌쩍 떠났다면.

이는 미지의 영역에 대한 두려움을, 공포를 이겨내고 행동으로 옮긴, 그야말로 대단한 일을 해낸 것임이 틀림없다. 성공한 사람의 영역에 서서, 많은 사람들에게 부러움의 대상이 될 자격이 있다.

그런데, 퇴사를 한 사람이 다시 이전 회사로 복귀했다

년, 창업을 한 사람이 쫄딱 망했다면, 여행을 가서 온갖 고생 다 하고, 짐까지 모두 잊어버렸다면, 이 사람은 성공한 사람인가, 실패한 사람인가.

이 시점에서 스스로 질문해보자.

성공의 기준은 어디에 두어야 할까. 자산 10억? 32평 아파트? 매출 100억? 구독자 100만 명? 기준을 수치로 두기에는 성공의 기준이 너무나 모호하다.

각자의 역량과 상황에 따라 이룰 수 있는 영역이 천차만별이기 때문이다. 그뿐만 아니라 성공한 사람, 실패한 사람이라는 형용사 수식을 '나'라는 존재에게 감히 붙일 수 있을까?

그렇지 않다. 인간은 항상 변화하는 존재이면서도, 존재 자체로 이미 가치가 있는 존재이기에, 그 어떤 걸로도 수식할 수 없다. 그저 성공과 실패에 대한 선택과 경험을 수없이 반복하는 경험을 통해 자아의 성장을 도모할 뿐이다. 그리고 그 성공과 실패에는 결심과 행동이라는 용기와 의지가 수반되어 있다. 그건 누구나 할 수 있지만 아무나 할 수 있는 영역이 아니다.

  성공과 실패라는 이분법적 사고에서 벗어나, 성공과
실패를 반복 경험하고 있는 자신을 앞서 말한 시선으로
바라봐주어야 한다. 성공은 대단하고, 실패는 잘못되었
다는 인식에서 완전히 벗어나야 한다. 이를 넘어 실패를
경험했다는 자체가 성공이며, 성공과 실패라는 행위를
반복한 것이야말로 크나큰 성공임을 명확하게 인식할 수
있어야 한다.

  내가 나의 성공을 인정해 줄 때, 내가 나의 실패를 피
하지 않을 때, 인생은 비로소 본질적인 아름다움을 보여
준다. 세상 언어의 기준이 아닌, 내가 행한 모든 행위가
성공과 실패이며, '나'라는 존재가 주체가 되어 흘러갔음
을 믿어줄 때, 나의 인생은 비로소, 온전히 빛나기 시작
한다.

누구도 모르는 나의 모습은 _____

_____ **입니다.**

"내가 나의 성공을 인정해 줄 때,
내가 나의 실패를 피하지 않을 때."

I can accept Failure

'내가 나의 성공을 인정해 줄 때,

내가 나의 실패를 피하지 않을 때,

인생은 비로소 본질적인 아름다움을 보여준다.'

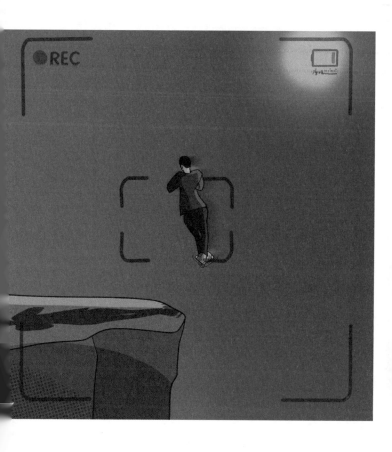

I can't accept not Trying

'실행했기에 실패도 있고, 성공도 있었다.

하지만 아무런 행동도 하지 않은 사람에게는

실패도 성공도 없다.'

혼자 이겨내려고 하지 마라

'아프면 안 돼, 아파도 혼자 이겨내야 해.'

오랜 시간 내 가슴 속에 박혀있던 말이다.

어느 날 어머니가 친구분과 통화를 하며 '큰 아들은 참 건강해서 통 아프단 말을 안 하는 데, 작은 아들은 맨날 아프다고 해서 속상해.'라고 하시는 말씀을 들었다. 이상한 기분이 들었다. 그 말을 들을 시점, 몸이 아팠지만 아프단 말을 하지 않고 있던 때라 그런 기분이 들었다.

나는 누군가를 걱정시키는 것이 싫었다. 특히 내가 아끼고, 나를 아끼는 사람들을 걱정시키는 건 몹쓸 짓이라 여겼었다. 그냥 혼자 아프고 앓는 것이 나았다. 몸이 아플지언정, 마음은 그게 편하다고 느꼈다. 하지만 그렇게 하는 것이 도리어 내 마음은 물론, 상대방의 마음도 갉아먹고 있다는 걸, 어느 날 문득 깨닫게 되었다.

시간이 흐를수록 새로운 위치, 지위가 생겨난다. 내 경우 장남, 아빠, 남편, 연인, 사장, 리더, 형, 누군가의 친구라는 자리들이 생겨났다. 나는 그 위치와 지위들을 기꺼이 받아들였다고 생각했지만 스스로 그 역할에 대한 무거운 짐을 만들어버렸다. '우리 큰아들은 아프지 않아.'라고 만들어 버린 것은 나였다. 그리고 정작 아플 때 나는, 아무도 없는 곳에 나를 고립시키고 괜찮은 척, 아프지 않은 척을 했다. 상대는 물론, 나 자신을 속이고 있었다.

혼자 이겨내야 하고, 혼자 헤쳐 나가야 한다고 생각했다. 그것이 나를 강하게 만들어주는 원동력이라고 여겼다. 하지만 이는 커다란 오산이었다. 원동력은커녕 나를 갉아먹는 깊은 슬픔이 되어 흘러야 할 감정은 흐르지 않고, 표현되어야 할 것들은 안으로 삼켜버리는 결과를 만들어냈다.

'나 지금 아파. 나 좀 도와줘. 나 많이 힘들어.'

평생을 해 보지 않았던 말이었다. 이러다 죽겠다 싶을 때도 꾹 참고 말하지 않았다. 내 인생의 변화를 시작하면서 가장 먼저 선택한 것은 감정을 흐르게 하는 것이었다. 감정을 흐르게 하기 위해서 아주 작은 내 감정도 표현하는 연습을 해야 했다.

아주 조금만 아파도, 아주 작은 도움이 필요해도, 이전처럼 꾹 참지 않고, 조심스레 말을 꺼내기 시작했다.

'걱정 좀 끼치면 어때.'라는 다소 뻔뻔한 심정으로 입을 떼고 도움을 요청해보았다. 그제야 알 수 있었다. 나는 그들이 나로 인해 걱정하는 것이 싫었다기보다, 내가 상처를 받을까 봐 두려워했었다. '아프면 안 돼, 나약하면 안 돼'라고 자신을 다그쳤던 압박을 상대에게서 들을까 봐 두려웠던 것임을 알게 되었다.

눈물이 흘렀다. 펑펑 눈물이 쏟아졌다. 내가 너무 가

여웠고, 너무 기특했다. 숱하게 참아왔던 이유를 알게 되고나서 무척 슬펐지만, 이제라도 스스로 쳐놓은 그물에서 벗어날 수 있어서 너무나 기뻤다. 아프다고, 힘들다고, 말해도 괜찮은 나. 그런 나를 찾아서 기뻤다. 그런 내가 되어가고 있어서 진심으로 감사했다.

혼자 이겨내려 하지 마라. 내 곁에는 나를 사랑하고, 나를 아끼는 사람들이 너무나 많다. 도움을 요청하면 손을 내밀어줄 이들이 분명히 존재한다. 만약 자신에게 주어진 자리 때문에 참고만 있었다면 더 이상 그러지 말자.

혼자 이겨내려 하는 사람에게 아빠, 엄마, 남편, 아내, 상사, 관리자, 형, 누나, 친구의 자리는 커다란 부담이 느껴지는 짐이 되어간다. 무거운 짐이 아닌, 기쁜 공간으로, 위치로, 지위로 기꺼이 받아들일 수 있음은, 당신이 그 자리에 위치했다는 자체가 더 이상 혼자가 아니라는 증거이기 때문이다. 때론 그들도 당신에게 손을 내밀어 줄 수 있도록 조금만 마음의 틈을 열어두자. 걱정 좀 끼치면 어떻고, 걱정 좀 하면 어떤가.

Help me, for Protect you

'혼자 이겨내려 하지 마라.
내 곁에는 나를 사랑하고,
나를 아끼는 사람들이 너무나 많다.
도움을 요청하면 손을 내밀어줄
이들이 분명히 존재한다.'

나는 _____

_____ 에 대한 도움이 절실히 필요하다.

"걱정 좀 끼치면 어때."

금이빨까지 모조리 씹어 먹어라

대충 씹고 넘기면 소화가 되지 않는다. 30번 이상 씹고 넘기는 것이 장수 비결이라 말하는 장수 노인이나 의사들의 말은 일리가 있다. 입에 들어온 음식은 이빨을 통해 잘게 분해되고, 식도를 통해 내려간 음식은 위를 통해 또 한 번 소화를 준비한다.

위에 무리가 되지 않도록 적정한 양을 먹어야 함은 물론, 잘게 씹어 내릴수록 원활하게 소화가 됨은 당연한 이치다. 급한 마음에 대충 씹고 넘기다가 목부터 걸리는 경험을 한 적이 있을 것이다. 아플 때는 푹 끓인 죽이 소화도 잘되고 몸을 회복시켜 주는 것 역시 누구나 경험한 적이 있다.

사람의 몸은 자연과 꼭 닮았다. 탄생한 모든 것들이

어느 때가 되면 물과 흙으로 돌아가듯, 구강을 통해 들어간 음식은 잘게 부서져 요도 및 항문을 통해 배설된다.

아침이 있고 저녁이 있듯이, 바람이 시작되고 바람이 끝나는 지점이 있듯, 물이 흘러 바다를 이루고, 바다가 다시 구름이 되어 비를 내리듯 순환되는 것이 사람의 몸이다. 몸은 자연을 닮았고, 몸을 통해 체득하는 인생 또한 자연과 똑닮았다.

인생을 해와 달에 비유하고, 낮과 밤에 비유하며, 새싹과 숲에 비유하는 이유다. 그래서 나는 인생을 '자연'스럽게 사는 것이 이생에서 누리는 가장 큰 행복이자 사명이라 여기고 살아간다.

자연스럽게 산다는 것은 자연처럼 살아간다는 것을 의미한다. 인간이 자연에게서 배우는 교훈은 수없이 많지만, 그중에서도 가장 큰 교훈은 인생의 빛과 어둠, 탄생과 죽음 역시 자연스러운 것이라는 점이다.

역경

　자연은 거센 바람을 역경이라 부르지 않는다. 거센 바람도 자연 그 자체이기 때문이다. 바람은 불고, 싹은 틔어 오른다. 바람에 꺾여도 싹은 다시 틔어 오른다. 그리고 바람은 다시 불어온다. 탄생과 죽음, 성장과 시련이 숱하게 반복된다. 그렇게 자연은 완벽한 조화를 이룬다.

　처음부터 완벽한 조화는 없다. 무수히 많은 생명이 탄생하면서, 인간을 포함해 자연 속의 모든 생명이 한데 어우러진다. (유독 인간만이 그 조화의 대열에 잘 끼지 못하고, 우월의식을 가지고 살아가는 이유는, 인간이 자연의 일원임을 어느 순간 망각하고, 자연을 지배하려 했기 때문이 아닐까.)

　조화를 이루는 과정에 깨짐과 깨어남을 경험한다. 경험은 체험이 되고, 체득에 다다른다. 깨짐과 깨어남은 자연스러운 것임을 받아들이게 된다. 그때 완벽한 조화가 일어난다. 산경험이 체험이 되고, 체험을 통해 깨달음이 몸에 익혀지는 과정을 씹고 또 씹어 삼켜 완전히 소화가 되었을 때, 비로소 체득의 단계에 다다른다. 이 과정이 인생의 조화를 이루는 길이다.

인내

한 번만 씹고 넘기면 반드시 탈이 난다. 수십 번 씹고 넘겨야 더욱 원활하게 소화가 이뤄지고 내장 기능이 건강해진다. 움직이지 않으면 경험할 수 없다. 잠시 잠깐의 경험으로는 체득되지 않는다. 끝까지 씹고 또 씹어야 역경과 인내를 통해 생명이 탄생할 수 있다는 인생의 진리를 깨달을 수 있다.

이 진리를 깨달을 때 비로소 삶의 방식이 '자연'스러워진다. 자연스러워지면 자유로워진다. 자유는 인간의 최종적 욕망이자, 본능적 욕구다. 끝까지 경험하고, 또 경험하며 인내하고 견디면서, 체득되는 그 순간을 기다리는 수밖에 없다. 인내의 끝에서 인생을 바라보는 시각이 달라지고, 관념이 깨지면서 자신을 막아서고 있던 괴로움이 사라진다. 그 이후 나는 누구이고, 어떻게 살아야 하는지에 대한 의문이 풀린다. 그것이 깨어남이다. 깨지고, 깨어나는 반복된 경험을 통해 진정 강한 사람으로, 매순간 다시 태어난다. 진정한 초인(超人)이다.

때로는 금이빨까지도 씹어 먹을 각오로 인생의 과정에 임해야 할 때가 있다. 인생은 사람을 성장시키기에 최적화된 프로그램 같다. 어쩌겠나. 그렇게 태어났는데. '이왕이면 즐겨라.', '인생은 게임이다.', '끝까지 가는 사람이 성공한다.'라는 말이 괜히 있는 것이 아니다.

"우리가 환난 중에도 즐거워하나니 이는 환난은 인내를, 인내는 연단을, 연단은 소망을 이루는 줄 앎이로다."

— Romans 5:3, 4

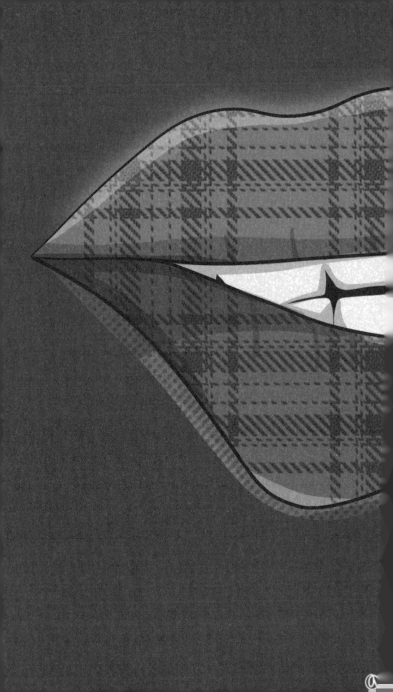

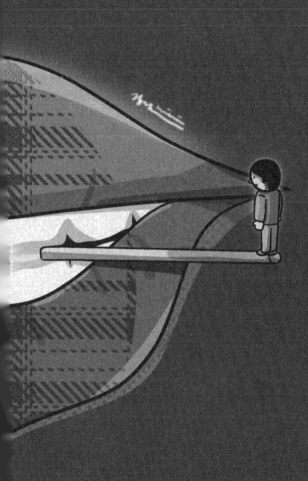

Swallow your LIfe

'때로는 역경과 인내라는 이름의 과정 속에서
금이빨까지도 씹어 먹을 각오로 임해야 할 때가 있다.
인생은 사람을 단련시키기에 최적화된 프로그램 같다.

시
—

지나온 길에서
나아갈 길을 찾는다

문득 지난날의 기억이 떠오를 때가 있다.

그때의 기억은, 감정이 되어

때로는 후회, 때로는 연민,

때로는 슬픔과 그리움으로 지나온 길에

나를 잠시 머무르게 한다.

다시는 돌아갈 수 없는 길.

그 길 속에는 무엇이 남아있을까.

그때, 그렇게 해야 했는데,

그렇게 하지 말았어야 했는데.

하지 못한 것에 대한 아쉬움,

부끄러운 실수에 대한 자책,

다시는 보고 느낄 수 없는 것에 대한 그리움은

그 길에 남아있는 것들이 아니다.

지나온 그 길은

내가 지금 어디에 있는지를 알려준다.

지금 어디에 있는지를 알면,

앞으로 나아갈 길이 보인다.

내 길은 후회와 아쉬움, 자책, 슬픔, 그리움이 아닌,

기쁨, 희망, 사랑, 감사, 아름다움을 주고 있다.

내가 이 길에 서 있음이 얼마나 감사한지,

앞으로 내가 가야 할 길이 얼마나 아름다운지,

지나온 길은 알려준다.

당신이 지나온 모든 길에서,

당신이 나아갈 모든 길을 찾아라.

지나온 길은 액자 속에 넣어두고,

앞으로 나아갈 길만 바라보자.

길은 모두 아름답다.

당신은 언제나 아름답다.

내게 가장 크게 이룬 성공과
가장 힘들었던 실패는

_____ ,

그리고 _____ 이다.

"한 번만 쉽고 넘기면
반드시 탈이 난다."

언젠가 당신이 나를 떠올렸을 때, 당신의 입가에 미소가 번지면 좋겠습니다.

언젠가 당신이 나를 떠올렸을 때, 이 책을 통해 건넨 문장들 중 단 한 문장이라도 떠오르면 좋겠습니다.

언젠가 당신이 나를 떠올렸을 때, 당신이 누군가 그리울 때면 좋겠습니다.

외롭고, 슬픈 일들이 없길 바라지만 만약 생기더라도, 그 때 떠올려진 책 속의 문장들이 당신에게 조금이라도 힘이 되고, 조언이 되며, 위로가 되었으면 좋겠습니다.

언젠가 우리가 마주치게 될 때, 서로 활짝 웃으며 인사를 나눌 수 있으면 좋겠습니다.

미숙하고, 아팠던 기억들은 모두 흘려보내고, 우리가 나눈 웃음과 희망찬 언어들, 함께 바라보았던 아름다운 순간만이 기억되었으면 좋겠습니다.

언젠가 당신이 가장 아름다운 것을 바라볼 때, 내가 떠오르면 좋겠습니다.

떨어지는 석양을 바라볼 때, 푸르른 숲 안에 비치는 햇살을 바라볼 때, 잔잔한 호숫가에 비치는 금빛 태양의 온기가 느껴질 때, 잠시라도 내가 떠오르면 좋겠습니다.

2022. 12월, 바람이 부는 언덕에서

LEESY, KANGRIM.

내가 바라는 나의 모습

나는 _____

_____ 입니다.

"바라는 나의 모습을
또렷이 상상하고,
이미 이루어진 것처럼
현재형으로 적어보세요."

※ 맨 처음 적었던 문장과, 책을 다 읽고 나서 적은 문장이
　어떻게 달라졌는지 확인해 보세요.

THIS IS YOUR LIFE

[네 인생이다]

초판 1쇄 인쇄 | 2022년 12월 29일
초판 1쇄 발행 | 2023년 01월 11일

지은이 LEESY이승용
그린이 KANGRIM강경모

북디자인 DEEDEE | 사진 강경모 | 홍보영업 백광석
기획 페이퍼페퍼 아트스튜디오PaPerPePPer ArtStudio

브랜드 치읓
이메일 midas_bear@naver.com

발행처 (주)책인사
출판신고 2017년 10월 31일(제 000312호)
값 12,000원 | ISBN 979-11-90067-62-1 (03320)

네이버 카페 [초인수업] 바로가기